Harald Jelinek

Ich bin behindert, und du?

Harald Jelinek

Ich bin behindert, und du?

Goldene Rakete Verlag für Belletristik

Imprint

Any brand names and product names mentioned in this book are subject to trademark, brand or patent protection and are trademarks or registered trademarks of their respective holders. The use of brand names, product names, common names, trade names, product descriptions etc. even without a particular marking in this work is in no way to be construed to mean that such names may be regarded as unrestricted in respect of trademark and brand protection legislation and could thus be used by anyone.

Cover image: www.ingimage.com

Publisher:
Goldene Rakete Verlag für Belletristik
is a trademark of
International Book Market Service Ltd., member of OmniScriptum Publishing Group
17 Meldrum Street, Beau Bassin 71504, Mauritius

Printed at: see last page
ISBN: 978-620-2-44452-1

Ich bin behindert, und du?

JELINEK HARALD

1

Es gibt Tage, da spaziere ich durch beeindruckende Naturlandschaften, manchmal nur an einfachen Wiesen vorbei, sehe Blumen blühen und Bienen ihre Arbeit vollrichten, aber trotzdem bin ich schlecht drauf – trotz allem finde ich nicht die Lust am Leben.

Aber komischerweise gibt es wiederum Tage, wo ich an Wiesenrändern sitze, neben mir verwelken gerade Blumen, sie haben anscheinend das Ihrige getan, tote Ameisen und Käfer zieren den kleinen Straßenweg, welcher an mir vorbeiführt, aber ich bin des Lebens froh, ich danke im Geiste meiner Mutter und verbeuge mich vor der Kraft des Daseins.

Daraus werde ich nicht schlau, eines weiß ich aber mit Sicherheit: Ich fühle mich in Gesellschaft der Bienen, Käfer und ähnlicher Lebewesen, egal sogar ob sie lebendig oder tot sind, wohler als in der der Menschheit. Es gibt nichts Grausameres, Brutaleres und Barbarischeres als die Menschen, sogar als Kind hab ich das schon gegenüber anderen Kindern erleben müssen, meist an mir selbst. Oft sagt man, die Sprösslinge sind noch unverdorben, erst die Menschheit, deren Umgebung, macht sie so, wie sie heute sind, aber einige müssen es schon in die Wiege gelegt bekommen haben, anders kann ich mir manche Erinnerungen nicht erklären.

Meine Eltern, Karl und Annemarie heißen sie übrigens, haben natürlich, wie es sich gehört, auch mir einen Namen gegeben, aber gerufen wurde ich, seit ich denken kann, nicht so, selbstverständlich in Familienkreisen schon, zumindest wenn ich anwesend war. Aber da war ich keine Ausnahme, viele Kinder, und alle hatten Namen bekommen, wurden nach ihrem Aussehen, ihrem Benehmen und ihren Auffälligkeiten benannt. Ich fragte mich oft, wer gibt diese Namen, wer hat oder nimmt sich das Recht, Kinder nicht so zu nennen, wie sie getauft wurden, oder – denn die Taufe ist ja eine religiöse Eigenschaft – wie es ihre Erzeuger aussuchten? Sind das die, welche beim Namen genannt und gerufen werden, sind das jene, die fehlerlos sind, die Stärkeren, die Schönen unserer Gesellschaft? Warum wehrte ich mich damals nicht, nein, noch viel schlimmer, warum wehre ich mich heute nicht und gebe ihnen auch andere Namen? Viel- leicht gehöre ich dann zu ihnen, werde bei ihnen aufgenommen und kann dann, gemeinsam mit ihnen, anderen Kindern, Menschen Namen geben, die wir passend finden. Vielleicht kann dann auch ich Dinge aushecken, wie ich anderen Menschen Böses antun könnte, wie ich sie verletzten könnte, egal ob physisch oder psychisch. Die Frage ist, ob ich jetzt glücklicher wäre, wenn ich oben stehen würde und herab treten könnte, so oft es mir passt. Ich hatte nie die Möglichkeit, auch nicht den Funken einer Chance, und somit kann ich es gar nicht beurteilen, aber traurigerweise, beschämend und schmerzlich zugleich: Ich glaube ja.

Vermutlich würde oder hätte es sogar genügt, dass ich mitlache, wenn gerade andere dran sind, die gedemütigt oder erniedrigt werden, wenn ich die „Anführer“ anhimmeln und niemals gegen sie jeglichen Einwand erheben würde. Aber irgendwie kam ich gar nie soweit, dass ich solche Chancen beim Kragen packen konnte, um in diese Position aufzusteigen. Ich war immer, oft alleine, selten mit ein paar anderen, der, der erniedrigt, geschlagen und verbannt worden war und irgendwann kommt dann die Zeit, dass man es gar nicht mehr probiert aufzusteigen, man meidet jeglichen Kontakt, geht jedem auch nur kleinsten Konflikt aus dem Wege und man wird zum Eremit. Die Zeit kam relativ schnell, kaum habe ich mein Mutterhaus auf eigenen Beinen verlassen, wurde schon mit dem Finger auf mich gezeigt. Anders gesagt, wo Kin- der in der Sandkiste ihre ersten Freundschaften schlossen, saß ich bereis abseits und durfte nur beobachten. Bald erkannte ich aber, dass ein gewisser Abstand zu ihnen vorteilhafter für mich war.

Hatscherter, Krüppel, Abzwickter, Missgeburt, *Spasti,* um nur einige zu nennen, ja so hieß ich schon in der Kinderzeit. Soll man es witzig oder traurig nennen, aber hat der Georg rote Haare, so wird er *Rooda* gerufen, ist die Anna dürr und lang, so wird sie *Dirre, Bohnenstange* oder *Lange* gerufen.

Wie muss man aussehen, dass man nach seinem Namen gerufen wird? Eine Möglichkeit wäre, dass wir alle gleich aussähen. Unsere Hautfarbe müsste identisch sein, unsere Haarfarbe müsste sich ähneln. Ich denke, würden alle rote Haare haben, würde niemand auf die Idee kommen, jemand anderen Rooda zu nennen. Selbstredend müssten auch alle ungefähr dieselbe Körpergröße, nein besser, dieselbe Körpergröße und dasselbe Gewicht auf- weisen, eventuell könnte man Frauen und Männer da noch variieren lassen. Ja, ich denke, das wäre eine Lösung und dann müsste auch ich nicht die Straßenseite wechseln, wenn ich von weitem meine „Freunde" sehe, ich dürfte ohne Angstzustände und Schweißausbrüche ein- kaufen oder shoppen gehen. Mir vielleicht mal live oder gemeinsam mit anderen ein Fußballspiel ansehen und nicht immer alleine vor dem Fernseher. Schön wäre es auch, wenn ich mich mit einem Mädchen treffen könnte, ja ein Fräulein würde an mir Interesse zeigen, das wäre schön.

Hatte nicht schon mal einer so eine Idee, dass alle gleich aussehen sollen, alle von einer Rasse abstammen sollen. Ich denke, ich sollte Mitleid haben mit ihm, denn vermutlich hatte er ebenfalls Probleme, sich zu integrieren, oder sah er anders aus als die anderen? War er auch einer von den *Bladen*, *Abzwickten*, *Rooden* oder *Hatscherten*, dass er solche Wünsche äußerte?

Egal, jetzt kann ich es eh nicht mehr ändern, die Kraft und der Wille fehlt mir allemal dazu und reden, ja das kann ich leider auch nicht besonders gut, übrigens Hannes, Hannes Fortwill heiße ich.

Oder ich werde meine eigene Welt erfinden, es gibt doch viele Menschen, die die meiste Zeit in ideellen Lebensräumen verbringen, also warum nicht auch ich, viel- leicht eine Maßnahme, welches mein geistiges Dasein verlängert.

2

Meine Mutter ist ein armes Schwein, eigentlich ja eine Sau, denn Weibliches sollte man ja dem Femininen zufügen, mein Vater ist ein Säufer; so würde ich heute meine Eltern beschreiben, wenn ich pro Elternteil nur ein paar Silben verwenden darf.

Dass man jetzt unsere ärmlichen Verhältnisse als Ausrede verwendet, nun ja, man kann es sich einfach auch machen. Tatsache ist, dass mein Vater schon vor geraumer Zeit, eigentlich perfekt koordiniert, es war nämlich in der Schwangerschaft, seinen Job verlor. Aber nicht weil es der Arbeitsmarkt so wollte, weil vielleicht die wirtschaftliche Lage ein Problem darstellte, nein, es war schlicht und einfach der Alkohol. Es gibt Menschen, denen ist ähnliches Schicksal widerfahren, aber die nahmen sich an der Kandare und zogen sich selbst aus dem Dreck oder sie hatten Freunde, die ihnen dabei halfen. Nur, man muss sich da auch helfen lassen, seine Fehler eingestehen und den Anonymen Alkoholikern beitreten, oder egal, anderen Institutionen, die einem da wirklich weiterhelfen möchten. Der Herr Karl Fortwill war sich zu gut dafür und Mutter, nein, die trifft die geringste Schuld. Ihre Möglichkeiten hat sie sicher ausgeschöpft, ihm zu helfen; ich meine, ich war kein Zeitzeuge, aber ich kenne ihr Gemüt. Sogar heut, wo ich glaube, es ist mittlerweile sinnlos, hat sie noch Lebensphasen, wo sie denkt oder eher glaubt, es wendet sich wieder das Blatt. Es platzt halt relativ schnell so eine Blase, wenn er dann voll besoffen heimkehrt und allen die Schuld gibt, nur sich selbst nicht. Zumindest – man soll ja immer das Positive sehen – ist er keiner, dem leicht die Hand ausrutscht, kein „Schläger“, wenn er mal wieder glaubt, er sei das ärmste Schwein auf Erden und denkt, man könne dies mit Flüssigkeiten ertränken. So als würde die drückende Last in der

Bauchgegend herumschwimmen und man probiert, dies zu ertränken, man schüttet so lange, bis es oben herauskommt, egal ob in flüssiger oder fester Form.

Die Wohnung, das Essen und natürlich die Biere zahlten sich nicht von alleine, und so ging halt meine Mutter in der Schwangerschaft solange arbeiten, wie sie konnte.

Es hat schon im Bauch meiner Mutter nicht gut begonnen für mich, und der rote Faden, welcher durch mein Leben zieht, reißt nicht ab.

Putzfrau, eine Bezeichnung, die nichts Positives oder Qualitatives vermuten lässt, vielleicht hat man auch deswegen die Berufsbezeichnung auf Reinigungskraft geändert. Ihr Arbeitgeber ist ein echtes Arschloch, ein Ausbeuter und Rassist. Ihm war es absolut egal, ob meine Mutter schwanger war, ob sie krank war oder Probleme hatte, sie hatte ihre Arbeit zu verrichten, wenn nicht, gab es einfach weniger Kohle. Wenn ich könnte, würde ich ihn mir zur Brust nehmen, Vater könnte, aber oft glaube ich, den interessiert es noch weniger als ihren Chef. Und warum sie noch heute bei diesem Halsabschneider arbeitet? Fragt den Inder.

Warum das dann alles so schiefgelaufen ist, weiß ja keiner so genau, auch die Götter in Weiß nennen nur die möglich Ursachen, aber aus denen kann man sich so einiges zusammenreimen und nun meiner Mutter die Schuld zu geben, da würde ich es mir jetzt einfach machen und immerhin ist sie der einzige Mensch, der mich wirklich liebt.

Unfälle im Verlauf der Schwangerschaft und im Verlauf der Geburt, Fehlbildungen der Plazenta, Nabelschnurkomplikationen und dadurch verursachten Sauerstoffmangel, Vergiftungen durch Medikamente, Alkohol oder Kohlenmonoxid, das sind etwa 30 Prozent der möglichen Ursachen, aber jene, die auf meine Mutter zutreffen könnten und die die Ärzte angesprochen haben. Der letzte Punkt wäre eine schwere Anschuldigung, dass sie keine Trinkerin ist, weiß ich, aber irgendwie kann ich es ihr nicht verdenken, dass sie mal in ihrer Situation zum Glas oder zu Pillen griff. Dass sie mal gestürzt ist, hat sie erwähnt und auch mir erzählt, hatte aber danach keine Schmerzen und machte sich somit keine weiteren Sorgen.

Tatsache ist, zuvor hatte man die Vermutungen, diese berühmten Gespräche hinter vorgehaltener Hand, dass ich seit meiner Geburt, es wurde wenige Monate danach diagnostiziert, infantile Zerebralparese habe und damit leben muss.

„Die motorische Entwicklung verläuft langsam. Der Säugling verfügt über eine verminderte Körpersteifheit beim Hochheben, das Umdrehen ist verzögert oder wird nicht erreicht. Der Muskeltonus (eine erhöhte Muskelstarre), die Muskelstärke, die Muskelkoordination und die Bewegungsabläufe sind betroffen. All das sind Symptome, die eine infantile Zerebralparese vermuten lassen. Bei Ihrem Sohn trifft derzeit fast alles zu, also muss ich Ihnen die traurige Nachricht übermitteln, dass Ihr Sohn derzeit an einer Zerebralparese leidet. Bitte beruhigen Sie sich!" Vermutlich bekam meine Mutter damals einen Weinkrampf, als der behandelnde Arzt ihr die Diagnose mitteilte.

„... Wir haben derzeit schon hervorragende Behandlungsmöglichkeiten. Und warten wir noch ab, eine Besserung kann täglich eintreffen, Frau Fortwill, bitte ...".

So wie sie später mich immer wieder auf ein Neues vertrösteten, hatten sie damals meine Mutter versucht, mit Worten und Versprechen zu trösten, andererseits, wer will in diesen Situationen schon die Wahrheit hören. Meiner Mama sagten sie damals, dass es eventuell nur in der Säuglingsphase sein kann, aber bald stellte sich heraus: Hannes Fortwill muss mit dieser Krankheit leben. Wie lange allerdings, das sagt mir keiner und ich selbst weiß es am wenigsten. Ich bin mir nicht einmal mehr sicher, ob mich die Krankheit oder ich mich selbst besiege.

3

Auch wenn ich mich keineswegs daran erinnern kann, aber zumindest die ersten zwei bis drei Jahre, zumindest erzählte es mir meine Mutter so, waren noch ansatzweise den üblichen Kinderjahren ähnlich. Diese Jahre, die ausschließlich zu Hause und in Krankenhäusern verbracht wurden, waren doch mit die schönsten. Die Anfälle hielten sich laut meiner Mutter in Grenzen, und wenn, dann waren sie nicht sehr ausgiebig, vermutlich auch, da meine Muskel- und Nervensysteme noch nicht so ausgereift waren, ich diese unbändige Kraft noch nicht entwickeln konnte. Die Besuche, viel waren es ja nicht, denn der Freundeskreis war stets bescheiden, flaute nach meinen ersten willkürlichen Bewegungskoordinationen, schnell ab. Natürlich hatte ich keine Freunde, die mich, wie in anderen Familien so üblich, nach den ersten beiden Lebensjahren, zu Hause besuchen oder umgekehrt. Aber doch war da was, welches mich als Erdbewohner noch glauben ließ, alles sei nicht so schlimm. Ich kannte die raue Umwelt noch nicht, ich hatte keine Ahnung, wie die Kinder, die ich stets vom Fenster aus beobachtete, sein konnten. Im Spital war ich einer von vielen Geplagten auf dieser Welt, jeder hatte mit sich selbst so viel zu tun, da bleib keine Zeit für herabwürdige Blicke oder Gespräche im flüsternden Ton; wir Aussätzigen waren unter uns, wir waren in unserer Welt.

„Das menschliche Gehirn ist unter anderem eine Schaltzentrale, die Befehle an den Bewegungsapparat, also deine Finger, deine Arme und Beine, sendet. Diese wiederum meldet ausgeführte Aktionen, also wenn du von A nach B läufst oder deinen Körper in sitzende Position bringst, an das Gehirn zurück. So entsteht der Kreislauf der menschlichen Motorik. Soweit verstehst du das,

Hannes?", waren Worte meines behandelten Arztes, so als würde er sie erst vor wenigen Minuten zu mir gesagt haben. Ich war damals fünf Jahre und ein paar zerquetschte Wochen, wo er mir versuchte zu erklären, dass ich nicht mehr so werde wie die anderen Kinder, die mich mittlerweile zum Außenseiter ächteten. Vielleicht degradierte ich mich selber dorthin, aber genau deshalb stellte ich meine erste Frage, trotz zig vieler Besuche und Untersuchungen, an diese Menschen mit ihren weißen Kitteln.

„Ich werde ständig, wenn ich meine Anfälle habe", ich beschränkte die Beschreibung meiner spastischen Bewegungsstörungen und Muskelspannungen meist auf das Wort Anfall, „von den Kindern gehänselt, Herr Doktor, bitte erklären und helfen Sie mir, dass ich das während meiner Zeiten mit Kindern in den Griff bekomme."

Heute witzig, dass mir nur die Zeit mit den Kindern wichtig war, ich war fixiert darauf, unter den Sprösslingen einer von ihnen zu sein. Die Zeit davor und danach, ja da hätte ich mich mit meiner Krankheit abgefunden, aber eben nicht, wenn ich unter ihnen sein wollte, eine Ansicht aus Kinderaugen, einfach ehrlich. Meine Mutter, die mich eigentlich immer begleitete – ich kann mich jeden- falls nicht erinnern, dass mal mein Vater mit mir im Spital war – war wohl genauso überrascht wie der Doktor selbst. Diese etlichen, unzähligen Behandlungen, all die möglichen Testverfahren, nie hatte ich auch nur eine Silbe von mir gegeben. Sogar als ich noch nicht sprechen konnte, schrie oder weinte ich nicht.

„Ist er nicht brav?", so musste sich meine Mutter stets mit Tränen in den Augen Zustimmung von Schwestern und Ärzten einfangen, die meisten nickten nur anerkennend oder zogen ihre Mundwinkel leicht nach oben, welches man als leichtes Lächeln ausmachen sollte. Und plötzlich aus heiterem Himmel die Frage an den, den die meisten Verzweifelten anbeten, vor dem sie höchste Ehrfurcht haben, vermutlich alle aus demselben Grund: Hoffentlich können Sie meinem Kind helfen!

„Bei einem Kind wie dir", fuhr er fort; heute höre ich die Stimme noch, sodass ich mich umdrehe und den Menschen suche, der mir etwas zu sagen vermöchte, „sind einige dieser Funktionen gestört. Es entstehen

Löcher im Bewegungskreislauf. Die Zusammenarbeit verschiedener Muskeln ist gestört, also sind so einfache Bewegungen wie setzen oder gehen meist nicht möglich. Und den Zeitpunkt, wann das auftritt, kann man nicht vorherbestimmen."

Meine Mutter war während dieser Worte aus dem Zimmer gegangen, ich bemerkte es zuerst noch nicht. Es waren auch nicht die letzten Worte, die der Arzt zu mir sprach, aber ab diesem Zeitpunkt hörte ich nicht mehr zu, die Worte prallten an mir ab, mein Körper, mein Geist schaltete ab. Ich hatte und habe geistige Normalität, welches nicht unbedingt bei dieser Krankheit die Regel ist, also verstand ich, auch wenn er versuchte, es mit Worten zu schmücken, so als würde man eine abgeschnittene, somit tote Tanne, mit Kugeln, Silberschmuck und Glitzer wiederbeleben, dass ich nie so wie andere Kinder sein werde. Diejenigen, welche den Krankheits- grad der Stufe Tetraplegie haben – ich habe übrigens Diplegie – sind zumeist auch geistig behindert, da eine generalisierte Lähmung aller Extremitäten, sowie eine verzögerte motorische und eben zum Teil kognitive Entwicklung besteht, was bedeutet, dass eine Minderung oder Herabsetzung der maximalen erreichbaren Intelligenz vorhanden ist. Heute bin ich mir nicht mehr im Klaren darüber, auch wenn sie die wirklich armen Schweine auf unserer Erde sind, ob sie nicht die Glücklicheren von uns sind. Ich weiß, dass ich schwerstbehindert bin, nehme die Umwelt und die Abgrenzung jeglicher Gesellschaft wahr, bin mir im Klaren darüber, dass sich mein Zustand nicht bessern, vermutlich sogar das Gegenteil eintreten wird und mache mir ständig, zumindest zu oft, Gedanken über den Sinn meines Daseins, alles Faktoren, die auf einen Menschen mit den Symptomen der Tetraplegie nicht zutreffen.

Ich war also bis zu diesem Zeitpunkt wirklich der Ansicht, alles würde gut werden; wenn all diese Behandlungen vorbei sind, werde ich so wie all die anderen, und das war mir immer sehr wichtig: Mitspielen können und nicht der Geächtete sein, auf den alle mit den Finger zeigen. Manche Mütter, Eltern wäre gerechter, mussten denken, ich könnte ihre Sprösslinge anstecken, denn wenn sich meine Mutter endlich mal wieder überreden ließ, mit mir in den Hof zu gehen ... kaum tauchte ich auf, verließen manche mit ihren Kindern den Spielplatz. Sie zerrten ihre Kinder richtiggehend weg. Mit Leckerei- en, Süßigkeiten und anderen Versprechen mussten sie die weinenden Kinder beruhigen, die nicht verstanden, warum sie so plötzlich ihren Lieblingsort verlassen mussten.

Dieser Tag war einschneidend, viele Tage danach ließ ich mein inneres Tonband immer wieder abspielen, aber das Ergebnis blieb das Gleiche, ich bin körperlich behindert und es gibt keinen Ausweg, keine Sicht auf Besserung.

In späteren Jahren erfuhr ich, meist suchte ich das Krankenhaus schon alleine auf, irgendwer musste ja schließlich auch Geld verdienen, noch viel genauere Prognosen und Einzelheiten meiner Krankheit, jedoch keine Vorhersagen, welche die Stimmung heben ließen.

Ja, das meinte ich mit meiner schönen, ruhigen Zeit, jene bis zu dem besagten Tag, wo ich begriff, dass ich nie so werde wie die anderen, eigenartig, dass mir dies stets so wichtig war: So zu sein wie andere.

4

Gott, der Allmächtige, jener der für alle da ist. Ich bin ehrlich, mein Jesuskreuz, richtigerweise wird es ja Kruzifix genannt, hängt schon lange nicht mehr in meinem Zimmer. Der Leidende, der Erlöser, welcher die Menschheit durch sein Opfer zur Erlösung brachte. Trügerischerweise glauben jene Menschen, welche arm, krank oder sogar todkrank sind, eher an Gott als die Schönen, Gesunden und Reichen. Sicherlich nicht bei allen so, aber schon die Erkenntnis, dass in Mitteleuropa, genauer gesagt in Westeuropa, die wenigsten Gläubiger sind, lasst mich erahnen, dass da ein wahrer Kern beinhaltet ist. Die Sorge um deine Kinder, die Ungewissheit, ob du noch morgen deine Kinder ernähren kannst, die Last, der Gedanke, ob du den morgigen Tag noch erleben wirst, lässt einen schon mal zu jemandem sprechen. Auch wenn er dir nicht antwortet, der Glaube an den Allmächtigen ist der letzte Halm für viele, die letzte Möglichkeit, etwas für seine Liebsten zu tun. Oft kann man nicht mehr, es gibt keinen Ausweg, die Armut kann nicht besiegt werden, nur ein Wunder oder vermutlich ein Verbrechen, wenn auch für nur bestimmte Zeit, können Abhilfe leisten. Ich nehme an, auch wenn ich es den meisten wünschen würde, wird dieses Wunder nicht geschehen. Tatsache ist, dass die zweite Möglichkeit in immer mehr Ländern als Ausweg genommen wird. Und wenn auch Familienangehörige, sogar Kinder, sterben, wird da oft verziehen, Gott weiß, was er tut, alles hat seinen Weg, ja jeder hat seine Aufgabe und seine Bestimmung, predigen seine Jünger.

In letzter Zeit sind diese Jünger, Priester, Jugendscharleiter und sonstige, die sich Gott näher zu stehen glauben als ihre Schäflein, in schwerste, erschütternde, eigentlich beschämende Kritik geraten.

Es dürfte so der Lauf der Dinge sein, dass in gegenwärtiger Zeit immer mehr Menschen wagen, Aussagen zu tätigen, auch wenn es sich vor geraumer Zeit ereignete. Es kann doch kein Zufall sein, dass plötzlich und gerade jetzt viele Frauen vergewaltigt, kleine Kinder sexuell oder anderwärtig misshandelt oder junge, hilflose Mädchen monate- oder jahrelang in Einkerkerungen versteckt werden. Ich glaube vielmehr, dass das alles schon seit Ge- denken der Menschheit passiert ist, nur ist seit einigen Jahren der Mut der Verzweiflung größer als jener der Angst. In beschämender Weise sind nun auch Zwischen- fälle der Kirche ans Licht gekrochen, eine Lawine hat ein Mutiger losgetreten, der die Beherztheit in viele Köpfe entsandte und wieder einmal das System der katholischen Kirche ins schuldige Licht stellte.

Der Zölibat ist da, so denk ich, eines der Kriterien, welcher den riesigen Verwaltungsapparat ins Schwanken bringt. Auch wenn das die Großen der katholischen Kirche immer und immer wieder verneinen, es kann zu einem Teil, besonderes diese tragischen Miseren, nur mit dem Zölibat zu tun haben. Die Ehelosigkeit hat schon viele Zeiten durchlebt, es kann also nichts mit dieser heutigen Zeit zu tun haben, und sie ist wichtig für uns, denn nur so kann man sich Gott voll und ganz hingeben, die Worte eines hohen Priesters. Die Entschuldigungen für diese unentschuldbaren Missetaten sind seit Jahren kleinlaut, beschämend und unzeitgemäß. Es sollte niemanden wundern, warum die Schäfchen davonlaufen; sie wurden ja nicht vom bösen Wolf gefressen, sie haben aus eigener Entscheidung den Hirten verlassen. Sie sind deshalb nicht ungläubig und würden vermutlich bei radikalen Änderungen des Systems sich ihrem Hirten wieder anschließen, damit er sie erneut behüten kann. Den sexuellen Drang, der in uns Lebewesen tobt, kann man nicht einfach wie wilde Tiere in eine Kammer sperren. Er will nach draußen, etwas erleben. Andererseits haben sich die Nonnen ja ebenfalls dazu verpflichtet, den sexuellen Kontakt zu anderen Menschen zu unterbinden. Komischerweise kommt da nicht das kleinste Katastrophchen ans Tageslicht. Es kommt der Gedankengang, dass sich Frauen besser als das männliche Geschlecht unter Kontrolle haben. Ich kann mich des Gedankens dabei nicht erwehren, dass ich da automatisch den Vergleich meiner Eltern heranziehen muss.

Meine Mutter hat ihren Glauben; bei meinem Vater bin ich mir nicht sicher, aber ich denke, dass es ihm schnurzegal ist, Hauptsache, es gibt genug Bier im Kühlschrank. Früher habe ich sie oft gesehen oder gehört, wenn sie zu Gott gesprochen hat, meist im Antlitz das Kruzifix, welches im Wohnzimmer oberhalb einer uralten Kredenz hängt. Eigentlich ist es in ihren Gesprächen nie um sie selbst gegangen, eigenartig, denn gut ging es ihr, solang ich sie kenne, nie. Ein Engel, der sich um alle anderen kümmert und eben ihre Gedanken dafür verwendet, dass es ihnen besser geht. Sie hat nie probiert, mich zu bekehren, nicht mal die Entfernung meines Kruzifixes hat sie kommentiert, auch wenn es ihr vermutlich wehgetan hat, was meine geringste Absicht war.

Was ist meine Aufgabe in diesem Leben, warum muss ich so ein Dasein führen, kann es da wirklich einen Gott geben, der so etwas zulässt? Vielleicht egoistisch gedacht, so viele Menschen verhungern, krepieren und sterben in jedem Atemzug, wo ich diese Gedanken spiele und ich lebe. Aber in jenem selben Atemzug springen Kinder auf dem Spielplatz, spielen Jugendliche Fußball, Tennis oder Squash, treffen sich Verliebte an romantischen Orten oder walken Pensionäre in den Auen.

Gerecht kann man es nicht allen machen, das ist mir klar, aber davon sind wir in dieser Welt weit entfernt. Ist es meine Aufgabe, anderen zu zeigen, wie gut es ihnen geht oder was kann der Grund sein, diese Krankheit in mir zu tragen und auszuleben? Die Selbstverständlichkeit der Menschen kotzt mich an, die alltäglichen Dinge, die vollrichtet werden sollen oder müssen, und sei es nur das Zähneputzen, den Arsch abwischen oder das Kaffeekochen. Ich stehe vor dem Spiegel und starre in mein Ich, versuche, meine Hand, mit der Zahnbürste bewaffnet, ruhig zum Mund zu führen, konzentriere mich und nach ein bis zwei Auf- und Abbewegungen schaffe ich diese einfache Motorik nicht mehr und starre erneut in mein Inneres, beginne mich zu hassen, gleichzeitig laufen mir Tränen über die Wangen und ich verfluche Gott dafür. Eigenartig, denn wenn ich daran nicht glaube, dass er mir oder jeglichen anderen helfen kann, so kann er auch nichts dafür, dass ich ein *Spastiker* bin, also muss es doch irgendwas da geben, welches uns steuert und auf uns her- absieht. Ein Trugschluss, ein Doppelsinn oder wie immer man es bezeichnen möchte, wir werden es nie erfahren und man könnte es sich einfach machen und meinen, jeder soll das Beste aus sich machen, aber da denke ich doch, dass es da viele einfacher haben. Der Ärger über ein herabfallendes Häferl wird bei allen oder vielen sehr ähnlich sein, aber der Grund ist sehr unterschiedlich und das tut eben weh, vor allem wenn man ständig darüber nachdenkt.

Und noch eines ist Gewissheit: Solche Menschen wie ich, egal ob es ihnen eine Spur schlechter oder besser ergeht, haben in unserer Gesellschaft keine Aussicht, und daran wird sich so schnell auch nichts ändern.

5

Blonde, zerzauste Haare, so als würden sie ständig vor Betreten des Gebäudes in einem Windkanal auf den cw-Wert (das ist der Koeffizient für den Strömungswiderstand) getestet werden, was übrigens eher ein schlechtes Ergebnis abliefern würde, denn die Haare sind füllig und dicht. Die blauen, fast schlitzartigen Augen, vielleicht ist ein asiatisches Gen schuld daran, blicken ängstlich, schüchtern zu Boden. Alltägliche Geräusche, eben jene, die in einem Wartesaal eines Krankenhauses die Ruhe stören, lassen sie nicht davon abbringen, mal den Blick in die Richtung des verursachenden Lärmes, geschweige denn in die Runde der Wartenden, zu richten.

„Verdammte Scheiße", und ein ohrenbetäubendes Geräusch, nicht enden wollend, eben solange es braucht, bis ein voll beladener Geschirrwagen, penibel sortiert nach Tellern, Häferln und Besteck, plus einem Kübel mit Essensresten seine Anziehungskraft verliert und sich Quadratmeter weit zur Potenz im gesamten Gang und Wartesaal verteilt. Ja, das war der Auslöser, dass ich ihr endlich mal zulächeln konnte und sie es zumindest registrierte, von erwidern konnte man nicht mal ansatzweise sprechen.

Gut, ich bin es gewohnt, nein eigentlich nicht, abblitzen meine ich, denn ich probiere es ja nicht einmal, Mädchen anzusprechen, den Hof zu machen, anzumachen, anzubändeln, zu reizen, kokettieren, liebäugeln oder einfach nur anzulächeln. Meine Angst ist so groß, mein Selbstwertgefühl ist so klein und meine Erfahrung mit anderen Personen, egal ob weiblich oder männlich, auch ob sie jung oder alt sind, so erniedrigend, dass ich stets den Abstand suche. In meinen Träumen habe ich sie, damit meine ich jetzt nicht sie, sondern alle, viele Mädchen, zigmal angesprochen, mich mit ihnen verabredet. Zu Hause angekommen, habe ich überglücklich meine Mutter geküsst, habe um sie getanzt und gute Laune im Hause verbreitet, so als wäre sie ansteckend. Mein coolstes Gewand gesucht, wenn es in der Wäschetruhe bereits verstaut war, herausgezogen, glatt gestreift, einparfümiert und versucht, ungesehen die Wohnung zu verlassen. Mama hätte mich ansonsten nicht so gehen lassen. Die Abende waren traumhaft, am Ufer einfach nur spazieren zu gehen, Händchen haltend, so wie in den großen Liebesfilmen. Auf einem einsam verlassenen Bankerl mit ihr zu sitzen und den Sternhimmel beobachten, schweigend, aber dennoch erfüllend und glücklich.

Die nasse Hose und die nachstehende Scham rissen mich aus meinen Träumen, aus meiner schönen heilen Welt, die stets um mich ist, wenn ich die Augen schließe.

Diesmal wollte ich es riskieren, einmal in meinem Leben, in meinem realen Dasein, das Wagnis einzugehen, zurückgewiesen zu werden. Dreimal sah ich sie bisher und stets im selben Wartesaal, wo auch ich auf meine Untersuchungen, auf das Krachen im Lautsprecher und die Stimme „Herr Fortwill bitte, Herr Hannes Fortwill, Zimmer drei, bitte", wartete.

Die Zahl ist eine fixe Größe, ein Begriff der Mathematik, bestimmend, wie es eben ist in diesem Gegenstand. Habe ich mir schon fünfzehnmal, neunzehnmal oder gar achtundzwanzigmal den Gedanken durch meinen Kopf sausen lassen. Ich weiß es eben nicht, da ist auch die Zahl das Nebensächlichste, der Grund der Überlegung macht den Sinn und der ist beim ersten Mal genauso schwerwiegend wie beim achtundzwanzigsten Mal; wieso mache ich diese ganzen Untersuchungen noch mit?

Obwohl, wenn ich über Zahlen spreche oder darüber denke, dann fällt mir sofort eine Geschichte ein, die ich vor einigen Monaten von einem neben mir sitzenden, sehr alten Menschen hörte. Auch er erzählte mir über die fixe Größe der Zahl, nur in einem etwas anderen, sehr skurrilen, nein vielmehr unbeschreiblichen, bizarren Zusammenhang. Simon Rosenthal hieß er, der Name verschwindet irgendwie nicht aus meinem Gedächtnis. Ich weiß nicht mehr genau, wie es dazu kam, dass er mir seine Geschichte erzählte, jedenfalls war mir mal wieder stinke langweilig und so horchte ich halt zu. Anfangs mit einem Ohr – hätte ich nach fünf Sätzen acht Ohren gehabt, hätte ich alle dafür geopfert.

Deportation, mit diesem Wort begann er, er befand sich 1945 im Bereich der österreichisch-ungarischen Grenze. Wieder einmal wurden er und seine 11 anderen armen Schweine in einer Lagerhalle zwischengelagert. Dieser Ausdruck alleine, aber genau den verwendete er, besagt den zu dieser Zeit geschätzten Wert und die Achtung gegenüber gewissen Personengruppen und Menschenrassen: zwischengelagert. Heutzutage lagert man Bananen, Autos oder Jeans zwischen. Andererseits wandert die Zeit wieder in diese Richtung, denke man nur an Flüchtlinge politischer oder religiöser Vorgeschichte, die Umstände der Unterbringung und vor allem die Achtung vor dem einzelnen Menschen tendiert zur Zwischenlagerung. Er erzählte weiter, seine Stimme wurde mit jeder Silbe leiser, sodass ich mich immer weiter zu ihm hinbeugen musste.

Stets wenn eine andere Person, und wenn es nur ein achtjähriges Kind war, welches eine beschissene Naziuniform trug, den Raum betrat, mussten sie sich in einer Reihe aufstellen, quasi antreten, um die genaue Anzahl der Juden zu ermitteln. Während er wieder mal so da- stand, die Augen stets nach unten gerichtet, um ja nie mit irgendeiner dieser Personen in Augenkontakt zu treten, ergab sich folgender Dialog zwischen den beiden deutschen Soldaten:

„Die Zahl, verstehst du, die Zahl ist das einzig Wichtige. Wenn ich 12 übernehme, dann muss ich auch wieder 12 weiter deportieren. Stirbt einer während der Zeit, wo sie hier unter meinem Kommando sind, ist das überhaupt kein Problem, da trägst du einfach in der nebenstehenden Tabelle eine Eins ein, und bei den Anwesenden dann eine 11, ergibt 12 und das passt so, verstehst du?“, fragte der vermutlich Ranghöhere.

Der zweite Mann dürfte nur genickt haben, denn verstanden hat Rosenthal nichts und zu schauen traute er sich nicht. Als der Einzuschulende sich die Liste durchsah, fragte er nach einiger Zeit: „Und was passiert, wenn ich in der Zeit, wo die da sind, einen anderen Juden irgendwo aufstöbere und ihn zu ihnen gebe, denn wo soll ich denn hin mit dieser Kreatur?"

„Dann hast du ein Problem, die Zahl muss stimmen, also muss er weg!"

„Wie, du meinst, ihn gehen lassen?"

Der Erzähler steigerte sich jetzt so in den erzählenden Dialog, dass er sogar verschiedene Stimmen der beiden verwendete, nur lauter wurde er nicht.

„Sag mal, bist du verrückt? Abknallen, den oder irgendeine andere Sau von den Juden, und machst aber keinen Vermerk, denn vergiss nicht, die Zahl muss passen!"

Sie verließen wieder die Halle und die Juden setzten sich wieder in ihre Ecken am Boden. Man muss sich vorstellen, diese Gespräche wurden stets bei Anwesenheit der Betroffenen durchgeführt, aber da man sie nicht als Menschen betrachtete, war es ihnen egal.

Auch hier ist die Zahl eine fixe Größe, nur etwas anderwärtig verwendet. Oft, wenn ich solche Geschichten höre, denke ich mir, diese Personen waren gar keine Arschlöcher, sie müssen einfach nur dumm und debil gewesen sein, anders kann man sich solche Dialoge nicht erklären.

Den Mann sah ich nie wieder, ich hätte ihn noch gerne einiges dazu gefragt. In dem Moment fehlten mir die Worte, aber als ich mir später nochmals die Geschichte durch den Kopf gehen ließ, kam mir der Gedanke, dass er mir ansah, dass ich oft die Welt und die dazugehörenden Personen verfluchte, und mir deshalb diese kleine Geschichte erzählte. Vielleicht um zu zeigen, dass es stets ärmere Schweine gibt als man selbst. Vermutlich hatte er recht, aber helfen tut das nur kurzweilig. Meine Gedanken schweiften wieder zu meinen Untersuchungen und deren Sinnhaftigkeit.

Hat dieser wöchentliche Aufenthalt, diese Peinigung und Qual, mich der Gesellschaft anzubiedern, überhaupt einen Sinn? Diese Übungen, Therapien und Behandlungen, die, seit ich denken kann, an meinem Körper vollzogen werden und die ein Ergebnis liefern, welches eben zu diesen Gedanken verleitet. Als Kind ist das irgendwie leichter zu ertragen, nein, so stimmt das auch wieder nicht, aber die Erwachsenen empfinden es so. Da wird geweint, ein wenig getröstet, viel Zuspruch gegeben und Versprechungen abgegeben, welche nie und nimmer eingehalten werden können, aber im Moment wirken sie – ist bei jedem so.

Wenn man dann ein wenig älter ist, spricht schon manchmal der behandelnde Arzt selbst mit dir und versucht, dir zu erklären, wie enorm wichtig die Behandlungen für mich und meine Zukunft sind, aber auch er hat so seine Art von Versprechungen, und so nebenbei: Auch er kann sie nicht einhalten. Allerdings besagen Erfahrungen und Berichte, dass eine kausale, also die der Erkrankung heilende Therapie, auf Grund der Vielfältigkeit der betroffenen Organe nur in den seltensten Fällen möglich ist. Es gibt zwar umfassende Rehabilitationspläne, in denen besonders die verschiedenen Therapieziele erläutert und festgelegt werden, aber irgendwie stoßen da alle, auch die hoch Ausgezeichneten und die sich selbst dazu Ernannten, an ihre Horizonte. Physiotherapie, Ergotherapie und Logopädie, die durch spezielle medikamentöse Therapien und konservative, orthopädische Kontrakturvorbeugung, also Maßnahmen gegen die dauerhafte Verkürzung von Muskeln und Sehnen, unterstützt werden, stehen da im Vordergrund und werden einem von Beginn an eingeprägt und eingetrichtert. Bei der Physiotherapie, einer krankengymnastischen Behandlung, eben der Kontrakturvorbeugung, müssen die Eltern mitarbeiten – kostet mich ein trauriges Lächeln, natürlich war nur die Einbeziehung meiner Mutter von Notwendigkeit, um die Übungen täglich zu Hause durchzuführen. Wenn sich jemand einen Fuß gebrochen hat, sich ein Seitenband gerissen hat und danach eine Physiotherapie erhält, dann erhofft er sich durch diese zu Hause auszuführenden Übungen Ergebnisse, eben in dem Ausmaß, dass danach wieder alles dem menschlichen Körper gerecht wird. Ich hatte nie Erfolgserlebnisse, im Gegenteil, mit meinem Alter verschlechtert sich der Zustand meiner Krankheit, ist es da nicht versteh- und entzifferbar, dass man sich selbst und die Hoffnung auf Besserung, auch wenn sie zuletzt stirbt, aufgibt?

Es muss so Ende meines siebten Lebensjahres gewesen sein, wo die sterbende Hoffnung kurzzeitig auflebte; schuld daran war die konduktive Förderung nach Petö, benannt nach einem ungarischen Arzt, der diese Therapie zu Zeiten Hitlers entwickelte. Absurd eigentlich der Gedanke, wenn man bedenkt, dass gerade Hitler die Absicht und zumindest das Hirngespinst hatte, alle Menschen, die dem Arier nicht entsprechen, und alle Behinderten auszurotten. Und genau zu dieser Zeit entwickelt ein Arzt eine Studie, die dem Ganzen widersprechen soll, alleine der Mut ist zu preisen. Ich hatte damals das Glück, aus heutiger Sicht war es ein Erlebnis und eine Abwechslung, mehr nicht, dass im Zuge einer Förderung durch die UNO manche Kinder nach Budapest reisen durften, um an einem landesübergreifenden Projekt mitzuwirken; die Kosten, welche wir uns niemals leisten hätten können, wurden ebenfalls übernommen. Die dort heilenden Konduktoren, so werden die Therapeuten dort genannt, die ein vierjähriges Hochschulstudium an dem staatlichen Petöinstitut in Budapest absolviert haben, vereinen die Aufgaben der Physio- und Bewegungstherapeuten sowie der Logopäden, Motopäden und Sonderpädagogen, aber auch die der Lehrkräfte, also es herrscht eine konduktive (= zusammenführende) Vereinigung aller Spezialisten.

In den zwei Wochen wurden wir täglich in kleine Gruppen, meist waren wir vier bis fünf Kinder, eingeteilt und erhielten in nettem, freundlichem, aber bestimmtem Ton Anweisungen, Übungen zu tätigen. Kinder, die nicht mitmachen wollten, wurden sehr geduldig animiert, heute ist mir die Ruhe der Therapeuten noch in Erinnerung. Wir waren alle Opfer der infantilen Zerebralparese, die meisten jedoch hatten schon in ihrem kindlichen Alter enorme Gehprobleme, auf die am meisten eingegangen wurde. An den Beginn des Unterrichtes kann ich mich noch heute erinnern. Alle Kinder mussten selbstständig, manche mit Hilfe eines Stockes oder der Petöstühle, Sesseln mit leiterartigen, hohen Lehnen, in den Turnsaal gehen. Stets waren pro Gruppe zwei Konduktoren, aber auch die Elternteile anwesend. Jeder hatte einen zugewiesenen Platz, an dem wir uns dann ebenfalls selbständig umziehen mussten. Viele konnten in ihrem damaligen Alter aufgrund erheblicher, motorischer

Probleme ihre Socken und Schuhe nicht an- oder ausziehen. Die Zeit war ein Nebenfaktor und wenn es eben den ganzen Vormit- tag dauerte. Wir sangen, sprachen, übten dann gemeinsam, es wurde stets darauf geachtet, dass die Kinder so viel wie möglich alleine verrichteten. Die gesamte Therapie war eben darauf angelegt, dass wir selbständig werden und einmal ein Leben ohne Hilfe absolvieren können. Damals bemerkte ich, dass es viele noch ärmere Kinder beziehungsweise Menschen mit unheilbaren Krankheiten als mich gab, und auch wenn sie mir dort nicht die erwartete Hilfe leisten konnten – vermutlich habe ich mir in meinem Eigensinn die Heilung versprochen, obszön heutzutage – so hatte ich die darauf folgenden Wochen doch eine Art Hoffnung in mir schweben. Aber wir waren dort unter uns, in unserer Welt, draußen sieht das alles wieder anders aus und der Gedanke an eine Insel mit Ebengleichen flammt heute noch in mir.

6

Stets kam sie nach mir ins Krankenhaus, ich ließ mir Zeit, lief unnötige Wege, zählte an mir vorbei eilende Menschen, suchte ausgefallene Farben parkender Autos – egal, was ich auch tat, sie erschien, wenn ich bereits saß. Und sie suchte ihren Platz immer so, dass ich sie kaum beobachten konnte, es ärgerte mich und ich dachte: Beim nächsten Mal lasse ich mir noch mehr Zeit. Das Ergebnis war wiederum das gleiche. Ich dachte, wenn ich mich jetzt dort hinsetzte, wo sie das letzte Mal saß, dann setzt sie sich neben mich und ich kann sie zumindest ansehen, vielleicht auch ansprechen. Menschen sind ja Gewohnheitstiere, sie setzen sich täglich an den gleichen Platz in der Straßenbahn oder U-Bahn, sollte er besetzt sein, murren und granteln sie, so als ob sie den Platz gepachtet hätten. In der Mittagspause wird stets derselbe Tisch in der Mensa angestrebt, schon beim Anstellen der Essensausgabe ist ein Auge für die Größe der Portion zuständig, wehe dem Koch, der Vorige bekommt mehr als ich, das andere, dass sie ja niemand an den angewöhnten Platz setzt: „Täglich grüßt das Murmeltier."

Sie ist anders, eben darum wird sie eine Anziehungskraft ausstrahlen, welche mich in ihren Bann führt und nicht mehr loslässt. Im Prinzip ist oder sollte es ein Glücksgefühl auslösen, die Hormone spielen verrückt, die Flugzeuge prallen gegen die innere Bauchdecke und der Geist wandert in die Mitte des Körpers. Wenn es wirklich so wäre, dass die Vorfreude die größte Beglückung ist, dann wäre alles in bester Ordnung, für den lang ersehnten Urlaub möge das vielleicht zutreffen, aber für die Liebe? Optimisten würden über diese Gedankengänge schmunzeln, vermutlich sogar lachen, denn wie heißt das Motto: „Wird schon passen, was soll schiefgehen?", aber für solche wie mich? Ich gehöre zu jenen, die in der Lade unter den Pessimisten stecken, die Angst ist größer als die Freude.

Die Zeit war früher mein größter Feind, ich hatte Termin für 9 Uhr, gut, ich kam um 9 Uhr 15, musste dennoch geschlagene 40 Minuten warten. Manchmal riskierte ich schon 30 Minuten Verspätung, ergebnislos, meine Wartezeit schlich dahin, so als würde mein Auge ein Loch in die Uhr oberhalb der Anmeldestelle brennen und der Zeiger konnte nicht weiter. Natürlich könnte man Zeitung lesen, Kreuzworträtsel lösen, Sudoku knobeln oder sonstiges Gehirntraining probieren. In der HNO-Abteilung oder in der Ambulanz wird man dies auch mutmaßlich durchführen, aber wir sind Spastiker – schon vergessen? – oder drücken wir es feiner aus: Bei Menschen mit zerebralen Bewegungsstörungen ist die Funktion einiger Anteile der Motorik beeinträchtigt. Bei der Diplegie, welche eben ich zum Beispiel habe, sind zwar die Beeinträchtigungen der Beine stärker als die der Arme, aber trotzdem sind Konzentrationsübungen bis zur Gänze fast unmöglich, auch wenn das Hirn oder Geist möchte. Die oft gestellte Frage, als wäre es die einzige Möglichkeit, mit mir ins Gespräch zu kommen, ist und war: „Kennst du die Ursache, warum so ein Anfall kommt? Merkst du schon vorher, wenn die Verkrampfungen beginnen?“, und noch einige ähnliche Phrasen dieser Fragestellungen. Eines ist sicher, würde ich die Ursache kennen oder zumindest Experten, wäre die Rate um vieles zu senken.

Stress ist angeblich die Hauptursache, warum es bei Epileptikern zu hohen Muskelspannungen kommt. Klingt ja einfach: Na, dann vermeiden wir ihn halt. Stressreaktion ist aber ein subjektiver Zustand, der aus der Befürchtung entsteht, dass eine stark aversive, also ablehnende, zeitlich nahe und subjektiv lang andauernde Situation wahrscheinlich nicht vermieden werden kann. Also es kommt in Kürze eine Belastung auf den menschlichen Körper zu, entweder in physischer Natur, wie Lärm, Kälte oder zum Beispiel toxische Substanzen, oder aber eine psychische Belastung. Da kann unter anderem ein Grund eine nicht mögliche Erwartungshaltung sein oder eine Befürchtung vor dem innerlichen Versagen, also die Versagensangst. Alltägliche Ereignisse wie Todes- fall in der Familie, Scheidung, Mobbing in der Arbeit,

Schlafstörung, Perfektionierung, soziale Isolation oder eben Krankheiten reichen dazu aus, um dem Körper psychosozialen Stress zuzufügen. Bei all diesen Faktoren und Eigenschaften wird in erster Linie von „normalen Menschen“ ausgegangen.

Also jetzt kann man sich vorstellen, wie „leicht“ es für uns ist, Stress zu umgehen, ja ihn gänzlich zu vermeiden. Die einfachsten Dinge entwickeln sich oft stressartig, eben dadurch, dass man nicht der Umwelt entspricht. Das Besteigen der Rolltreppe, das Aussteigen aus der Straßenbahn oder der einfache Einkauf eines Grundnahrungsmittels reicht schon, den Körper in einen derartigen Konflikt zu bringen, ja nicht zu versagen, um keinen Preis aufzufallen, dass Stresshormone erzeugt werden. Und eben die Tatsache, dass der neben dir sitzende, acht- jährige Junge das Sudoku in der Wartezeit locker löst und du nicht mal dem Ansatz einer Lösung nahe bist, ja auch das löst Stress in uns aus, auch wenn es nur zu den nebensächlichen Dingen im Leben gehört. Aber sind das nicht oft die entscheidenden?

Nun ist die Zeit wiederum mein Widersacher, am liebsten würde ich stundenlang im Wartesaal verharren und sie bewundern. Ich könnte ja einfach meinen Namen überhören, tat ich auch einmal, beim dritten Mal schrie die Stimme des Lautsprechers so laut, ich hatte sogar das Gefühl, die Lautsprecherbox vibrierte leicht und Verputz rieselte herunter – errötet folgte ich der Aufforderung. Ich könnte mich ja nach meiner Untersuchung einfach wieder in den Wartesaal setzten und so tun als ob, na ja, tat ich auch, das Ergebnis war bitter.

Hoffentlich ist sie noch nicht dran, war mein Gedanke, freudig nahm ich zur Kenntnis, dass sie immer noch an ihrem selben Platz verharrte, drei Sitze neben ihr zielte ich drauflos und tat eben so als ob. Wahrscheinlich bin ich bekannter als der Direktor dieses Hauses, vermutlich war ich auch schon öfters vor Ort, jedenfalls kam eine aufmerksame Schwester der Anmeldestelle zu mir und meinte, aber nicht etwa in leisem Ton – immerhin stand sie direkt vor mir – nein sie brüllte, ich denke der Portier drei Stockwerke tiefer verstand jedes Wort:

„Herr Fortwill, Sie sind fertig, nächste Woche sehen wir uns wieder!“

Wenn man behindert ist, eigentlich bin ich ja nur krank, aber eben chronisch und so, dass es eben manchmal andere auch mitbekommen; meine Anfälle kommen halt nicht nur zu Hause oder im stillen Kämmchen vor. Denke mal, das wäre ihnen ja am liebsten, denn zu tun haben möchten sie mit uns ja nichts und wenn dann so ein Anfall auch noch kommt, um Himmels willen, plötzlich und eben nur in diesem Moment, wo sie es mit ihren eigenen Augen mit ansehen müssen, ist es für sie tragisch. Kann man ihm denn nicht helfen?, ein Arzt muss her! oder die Geste der Fassungslosigkeit, die Hand zum Mund, das Aufreißen der Augen.

Also wenn man eben behindert chronisch krank ist, glauben viele, tragischerweise auch manche des Krankenhauspersonals, dass wir auch geistige Nackerpatzln, grob gesagt Volltrottel, sind.

Ich schämte mich so sehr, alle Augen der Wartenden waren plötzlich auf mich gerichtet, die Nässe der halben Meter entfernten Aussprache haftete in meinem Gesicht, ich resignierte, konnte und wollte ihre Aussage nicht darlegen und ich hätte vermutlich auch gar keinen Ton aus meinen Stimmbändern herausquetschen können. Ich stand nur auf und flüchtete, soweit man mein gehumpeltes Voranschreiten als solches bezeichnen kann, aber mein Augenwinkel erfasste etwas, welches mich alles vergessen ließ und mein Lebensglück fast auf den Zenit brachte, zumindest jenen Scheitelpunkt, den ich kannte: Sie, ja sie, lächelte und es war kein Auslachen, denn dieses kenne ich zur Genüge.

7

Wenn du auf einer einsamen Insel bist, welche drei Gegenstände würdest du mitnehmen, was war der schönste Tag in deinem Leben oder wenn du jetzt ich wärest, was würdest du machen?

Diese Art der Fragen taucht immer wieder auf, ob in Fernsehfilmen, -serien oder im Gequatsche unter Freunden. Bei der ersten Frage – muss dazu sagen, ich selbst wurde das noch nie gefragt, aber ich hatte auch selten ein Gequatsche, aber in Gedanken – habe ich stets mit: Klopapier, Feuerzeug und Tina geantwortet. Ich hasse nichts mehr, als wenn man es schon fast nicht mehr bis zum Häusl schafft, dann überglücklich, dass nichts in die Hose gelangt ist und dann die gähnende Leere meist links in sitzender Augenhöhe. Das Feuerzeug brauch ich für Tina, nicht um sie anzuzünden, denn da hätte ich sie ja nicht mitnehmen müssen, nein, sie liebt Kerzenlicht abends. Die berechtigte Frage, wo jetzt die Kerzen seien? Entweder man schwindelt und nimmt vier Sachen mit oder man lässt seiner Fantasie freien Lauf. Mit Tina komme ich zur zweiten Antwort, dem schönsten Tag in meinem Leben, und bei der dritten tue ich mich ein wenig schwer, denn wer will schon von einem Spastiker wissen, wie er denkt.

Noch vor einiger Zeit habe ich den Kopf geschüttelt und mir konnte keiner einreden, dass es einen Tag im Leben gibt, von dem man sagt: Das ist der schönste in meinem Leben. Da wachsen ja oft Klischees wie derzeit Wettbüros in Wien. Hochzeitstage werden da zum Bei- spiel oft genannt, die Kehrtwende zum schlimmsten Tage liegt da sehr nahe, Genie und Wahnsinn, Freud und Leid eben. Aber seit diesem Tag könnte ich auch eine Antwort geben, und ich bin mir sogar sicher, dass es der schönste bleiben wird, da bin ich auf einmal weiter, als viele zu glauben denken. Es macht zwar ein wenig nachdenklich, denn man ist sich ja sicher, dass nichts Schöneres mehr im Leben eintreten wird, aber die Gedanken sind frei und meine Erinnerungen auch.

Witzigerweise, denn Zufälle gibt es ja angeblich keine, beginnt dieser schönste Tag in einem Krankenhaus, einer meiner Donnerstage, zwar jetzt nicht der, welchen ich nun gleich beschreibe, aber eben einer dieser Donnerstage, also eine dieser obligatorischen, wöchentlichen Untersuchungen.

Es war zwei Wochen nach dem Zwischenfall, wo mich die Krankenschwester so blamierte. Die Woche drauf konnte ich fast nicht erwarten, denn ich dachte mir, das Lächeln ist der Weg zum Wort, aber dann die große Enttäuschung. Zuerst dachte ich: Ich Rindvieh lass mir so viel Zeit, dass ich ja nach ihr ankomme und dann komme ich so spät, dass sie schon wieder weg ist.

Meine Blicke sausten beim Betreten des Saales wie verrückt im Kreise, nirgends war sie, die Gedanken schrien die Worte „Klosett" und „vielleicht schon drinnen", aber und abermals. Stundenlang nach meinem Termin verharrte ich noch vor dem Spital, denn drinnen in der Wärme, ja da wäre es um vieles angenehmer gewesen, aber diese Vorstellung wollte ich dem Personal und mir die Blamage nicht mehr geben. Ich dachte immer, das sei nur eine Redensart, wenn jemand das Blut in den Adern gefriere, damals glaubte ich, es könne tatsächlich so sein. Mein einziger Halm, an dem ich mich festklammerte, war die Möglichkeit einer Erkrankung und so versuchte ich eine Woche, sieben Tage oder 168 Stunden lang den Gedanken zu verdrängen, dass ich sie nicht mehr sehe.

Ängstlich, früher als je zuvor und doch mit einem kleinen Funken an Hoffnung schritt ich mit unsicheren Schritten dem Wartesaal entgegen und, ja genau, sie war wieder nicht da. Unsicher suchte ich mir einen Platz, einen, von dem ich den Gang sah, der zur Rolltreppe und in weiterer Folge im Erdgeschoss ins Freie führt. Von meinem Platz aus, vor allem in sitzender Position sieht man bei den die Rolltreppe heraufkommenden Personen zuerst das Haupt, erst Sekunden später die gesamte Gestalt. Jedes Mal, wenn ich von weitem ein blondes Haar erkennen konnte, stockte mir kurzzeitig der Atem, die Enttäuschung, die kurz darauf folgte, musste von meinem Sitznachbar zur Linken zu hören gewesen sein.

Eine Diskussion zwischen einer Schwester und einer sorgenvollen Mutter artete aus, die Streitgespräche wurden immer lauter und verständlicher, sodass man einfach in den Bann gezogen wurde und zuhörte.

„Entschuldige, ist da frei?“ Diese Worte kamen von so sanfter Stimme, als ob die Stimmbänder mit Kreide balsamiert worden seien. Irritiert schaute ich hoch und traute meinen Augen nicht: Ein Lächeln, jene Freudigkeit, die mich vor zwei Wochen in so große Hoffnung versetzt hatte, wurde mir, und in diesem Fall wirklich nur mir, geschenkt. Da geht man jegliche Konversation im Geiste zigmal durch, spielt Rollen vor dem Spiegel, so als würde man kurz vor der Premiere stehen und dann kommt nur ein einfaches, stotterndes „Was?“ heraus.

Sekunden später ließ ich meinen Film nochmals ablaufen und war schockiert, dass ich ihr so antwortete, wollte es wiedergutmachen und mich vor ihr erheben, aber meine Füße ließen es im Augenblick nicht zu. Ich denke, das ganze Szenarium hat so 30 – 40 Sekunden gedauert und ehe ich mich verbal entschuldigen konnte, kam sie mir zuvor.

„Ich würde mich gerne neben dich setzen, hier ist doch frei, oder?“

Er jetzt merkte ich ihre eigenartige Sprechweise, sie ließ einige Silben weg und sprach sehr undeutlich, ihr Mund bzw. ihr Gaumen und ihre Zunge hatten Probleme, die Silben deutlich auszusprechen, so als würde eine Lähmung dies alles hemmen. Auch jetzt erst erkannte ich, dass sie große Probleme hatte ruhig stehen zu bleiben, eine Krücke hatte sie als Unterstützung unter dem rechten Arm. Ihre Beine wurden sekundenweise durch Nerven- oder Muskelverspannungen gestraft, aber sie ließ sich nicht aus der Ruhe bringen und ihr Lächeln war ernst gemeint, das konnte sogar ich sehen. Ich schämte mich für meine unhöfliche Darbietung, aber die Sekunden verstrichen nur so dahin, als ich sie musterte und ehrlich gesagt ein wenig über ihren körperlichen Zustand entsetzt war. Ich weiß nicht genau, ob sie es mir ansah, denn wir sind es gewohnt, von oben herab betrachtet zu werden, aber ich denke, von mir hätte sie dies nicht er- wartet und ich selbst auch nicht.

„Natürlich, bitte entschuldige, ich war mit meinen Gedanken ganz woanders. Bitte setz dich!“ Witzig, solche Worte von meinen eigenen Lippen zu hören, mit meinen Gedanken woanders zu sein, so ein Blödsinn, in den letzten beiden Wochen habe ich Tage und Nächte lang an nichts anders als an sie gedacht und jetzt solch eine Aussage.

Sie war keineswegs schüchtern und übernahm eindeutig die Initiative in unserem Gespräch, welches sich hervorragend entwickelte. Ich stellte mich sehr schnell auf ihre Sprachaussetzer ein und verstand sie immer besser. Ich glaube, meine Betroffenheit – was natürlich eigenartig klingt, da ich ja selbst schwerstbehindert bin, aber sie dürfte es noch um einiges schwerer haben – hatte ich auch gegenüber ihr abgelegt. Amüsiert erzählte sie von dem Vorfall, der sich vor zwei Wochen ereignete, ich selbst sprach kaum, ich hörte ihr gespannt zu und bewunderte ihre Ausstrahlung. Ich bin mir nicht sicher, ob man da von Liebe sprechen kann, es war jedenfalls ein neues, unbeschreibliches Erlebnis für mich, auch wenn ich sie erst fünf Minuten in so unmittelbarer Nähe hatte.

Ihre Augen strahlten so eine Zufriedenheit aus, ihr stetiges Lächeln, welches sie zwischen ihren Sätzen stets aufsetzte, wirkte so ehrlich. Auch ihre leicht gestikulierenden Hände bewunderte ich, sah aber auch, dass sie sich schwertat, ihre Extremitäten in solch einer Art zu bewegen, die ihrem Geiste entspricht. Sie muss eine inne- re Stärke besitzen, die vorbildlich für jeden für uns ist. Wie oft am Tag verfluche ich mein Leben, welches sich natürlich auch in meinen Gesten, Bewegungen und Minenspielen wiederspiegelt. Meine Eifersucht auf jeden gesunden, sogar gesünderen Menschen als mich ist grenzenlos und dann lerne ich solch einen Menschen kennen, so als ob es ein Wink von oben sei. Ich bin mir sicher, dass sie genauso, wie wir alle, ständig Ausspottung, Veräppelung und Hohn ausgesetzt ist, vermutlich wird sie sich auch im Inneren fragen, warum ihr dieses Schicksal widerfahren ist, aber jene Ausdruckskraft, die sie ans Tageslicht bringt, ist unbeschreiblich und beispiellos.

Unser Gespräch wurde durch unsere beiden Untersuchungen gestört, aber ich bin froh, dass ich den Mut fand, sie fragen, ob sie nachher noch Zeit hätte. Ihre Antwort verwunderte mich ebenso wie ihre Ausstrahlung und ihr Gehabe, dafür war ich mir ab dem Zeitpunkt sicher, dass das nicht unser letzter Berührungspunkt gewesen war.

„Ich beobachte dich schon seit einigen Monaten, habe mich auch stets gefreut, dich wiederzusehen, aber doch gewundert, dass du nie gelächelt oder mich angesprochen hast. Andererseits weiß ich um meinen Zustand Bescheid und habe mich aufgehört zu wundern, wie Menschen reagieren, wenn sie mit körperlichen Behinderungen konfrontiert werden. Meine Mutter sagte mir immer, dass ich Gott für jeden Tag danken sollte, den ich auf dieser Welt verbringen darf, und dem versuche ich gerecht zu wer- den. Kurzzeitig habe ich, als meine Mutter mich vor zwei Jahren verließ – sie hatte dieselbe Krankheit wie ich – an ihren Worten und natürlich an Gott gezweifelt. Heute weiß ich, dass es Fügung und Schicksal ist, ich es nicht ändern kann, das Beste daraus machen muss und nur ein Ziel habe, meine Mutter wiederzusehen. Ja, gerne, ich würde mich freuen, wenn du mich nach draußen begleiten würdest, und alles andere wird sich ergeben“.

Meine Feigheit und Nachlässigkeit ärgerte mich in dem Moment, als sie die letzten Worte sprach, denn ich wusste, dass ich eine Zeit mit ihr versäumt hatte, welche ich nicht mehr nachholen konnte. Aber im selben Atemzug nahm ich mir auch vor, jede mögliche Minute, die sie mir erlaubte, an ihrer Seite zu verbringen, daran konnte nichts vorbeiführen.

8

Die folgenden Tage vergingen, so als würde jemand sich mit vollem Gewicht auf die Uhrzeiger hängen, dass sie ja schneller voranschreiten. Würde ich diese Person oder Figur zu Gesicht bekommen, ich würde sie anflehen, dass sie die Zeit zum Stillstand bringen sollte, denn ich kam mir wie ein normaler Mensch vor, ja es war so, als würde ich nicht mehr in meiner eigenen Welt leben, plötzlich war es unsere Welt. Mein Umfeld, welches mich sonst so ständig belastete, nahm ich einfach nicht wahr, ich ließ nichts zu mir durchdringen, ich wollte die Freude und die momentane, vielleicht kurzzeitige Lebensenergie, voll und ganz für mich behalten, wahrscheinlich mit Ausnahme meiner Mutter; sie war und ist auch die Einzige, die es verdient. Ich kann nicht sagen, wenn ich mit Tina spazieren ging, mit ihr in einem Café saß oder im Park verweilte, ob andere uns belächelten oder missgünstig reagierten, denn ich war abgeschottet und es erging ihr wohl ähnlich.

Ich probierte, so gut ich konnte, ihr in allen Lebenslagen zu helfen; sie tat sich beim Gehen irrsinnig schwer, hatte teilweise große Schmerzen zu bewältigen und die spastischen Anfälle hatten eine Sequenz, die mich beunruhigte. Jedes Mal standen mir die Tränen in den Augen, wenn ich so einen Anfall hautnah miterlebte, die Tapferkeit und Entschlossenheit, die man richtig gehend in ihren Augen lesen konnte, bohrten Löcher in mein Herz.

Anfangs verschwieg sie mir, dass sie an Tetraplegie litt, als ich mit ihr aber wirklich innigste Gespräche führte und sie bat, mir die Wahrheit zu sagen, kam es ihr schwer über die Lippen. Anfangs wusste ich nicht genau warum, so sehr ich aber darüber nachdachte, wurde es mir einsichtiger und klarer. Die Angst, ich würde sie nicht mehr sehen wollen, der Gedanke, ich könnte ihre eigens erlebte Qual nicht ertragen, ließ sie anfangs über das Thema verstummen. Natürlich wusste sie, dass ich eine Ahnung über die Krankheit habe, und ich denke, letztendlich hat sie sich dazu entschlossen, mir die Wahrheit zu sagen, da meine Vermutung immer öfter nach außen drang. Wenn wir über unsere Krankheit sprachen – es war ein seltenes Thema – dann meinte sie stets, sie habe genauso wie ich Diplegie, aber ihr momentaner Zustand sei eben ein wenig schlechter, das würde aber wieder. Ich nickte stets und sah in ihren Augen, dass sie kurzzeitig ihre Offenheit verlor, mir den Blick nicht erwiderte, ein Charakterzug der Seltenheit bei ihr. Ich selbst nahm es zur Kenntnis, meine Gedanken behielt ich für mich und versuchte, zur Tagesordnung überzugehen, wie man so schön zu sagen pflegt.

Aber meine Seele schrie; anfangs dachte ich, nur ich könne sie hören. Aber dem war nicht so. Mein Körper war nicht mehr unter Kontrolle, nicht mehr in meiner Hand, meine Gemütsart, meine Psyche winselte immer lauter und die Tränen waren nicht mehr aufzuhalten. Möglicherweise litt ich vorher mehr als danach, als ich die Wahrheit über ihre Krankheit erfuhr. War es nur ein Zufall oder suchte sie die Idylle, um es mir zu beichten. Obwohl beichten da ein Ausdruck ist, der falscher nicht sein kann. Wenn man gute Freunde bestiehlt, Liebste innerlich zutiefst verletzt oder jemandem absichtlich Leid zufügt, dann könnte man, abgesehen von der kirchlichen Beichte, das als so etwas bezeichnen, aber für diese Wahrheit fehlt eigentlich die Vokabel in unserer vielseitigen Sprache.

Das Bänkchen ist älter als wir beide zusammen, die Sitzhölzer zum Teil stark vermodert; den Geruch hat man ständig in der Nase, die Lehnen sind rostig, so als wäre es immer so gewesen. Man platzierte es auf einer Schräge, Wiese als Untergrund, dass man seine Füße fest in den Rasen stemmen musste, um nicht abzurutschen. Tina hatte da einige Probleme, aber sie nahm es stets gelassen hin. Der Ausblick war zum Teil durch weit herabhängende Nusszweige verhängt, aber wenn der Wind sie kurzzeitig zur Seite wehte, dann war er einzigartig. Der kleine Teich lag ruhig und gelassen, immer wieder kamen Fische an die Oberfläche, um

Sauerstoff zu tanken, Frösche oder Unken gaben Konzerte und die Stille war trotzdem vorhanden. Das Plätzchen hatte ihre Mutter ihr gezeigt und früher kam sie oft alleine hierher, um mit ihr zu „sprechen“. Oft hatte ich schon den Gedanken, dass ihre Mutter mir bös sein könnte, da Tina sich die Zeit dafür nicht mehr nahm.

Sie war in der Anfangsphase der Tetraplegie, eine Diagnose, welche sie vor vier Monaten von ihren Ärzten er- hielt. 2 % der Spastiker leiden an dieser Art der infantilen Zerebralparese. In den nächsten Monaten oder sogar Wochen würde eine generalisierte Lähmung aller Extremitäten sowie eine verzögerte, motorische Entwicklung eintreten. Als sie mir dies erzählte, liefen ihr die Tränen unaufhaltsam über die Wangen, ich konnte nichts anderes tun als ihre Hand halten und das Schlucken fiel mir schwer. Plötzlich wurde sie ruhig, ihr Handdruck schwächte ab, ihre Stimme bekam eine eigenartige Nuance und dann meinte sie noch, dass es auch die Gefahr gebe, dass sie eine zum Teil kognitive Entwicklung be- kommen könnte. Ich traute mich nicht nachzufragen, sie atmete eine Zeit ruhig, schloss ihre Augen und meinte dann weiter, dass die kognitive Behinderung auftreten könne, es könne jedoch auch eine normale Intelligenz beibehaltet werden. Weiter erwähnte sie noch, dass etwa 10 % der Menschen ihre Gehfähigkeit bewahren, insgesamt hat diese Form der Krankheit aber eine sehr ungünstige Prognose.

Den letzten Satz sagte sie mit so einer Gelassenheit, wie wenn eine innere Aufgabe darin enthalten sei, es ließ mich zusammenzucken und ich brachte kein Wort aus meinem Munde. Der Weg bis zu ihrer Wohnung war etwa einen Kilometer lang, infolge ihrer enormen Gehprobleme brauchten wir eine Dreiviertelstunde, dennoch fiel kein einziges Wort mehr, ich drückte ihre Hand immer fester und konnte meine Gedanken nicht im Zaum halten; Wut, Empörung und Trauer überkamen mich gleichzeitig. Vermutlich hätte ich ihr zusprechen sollen, aber was sagt man in solch einer Situation? Es wird schon wieder, ich bleibe bei dir, es tut mir leid – ich entschied mich für die Stille, so wie es unser idyllisches Plätzchen vorzeigte, ob es richtig oder falsch war, ich weiß es nicht.

Als ich später allein nach Hause ging – übrigens brachte

ich sie immer nur bis zu ihrer Wohnung, ich war noch nie bei ihr daheim – hatte ich einen starken epileptischen Anfall, still, einsam und alleine in einer dunklen Ecke. Bis dato hatte sie mich noch nie nach oben gebeten, aber ich hatte auch noch nie den Gedanken daran verschwendet, überhaupt damit zu rechnen, diese Frage zu erwidern. Da liegt platonische Liebe sehr nahe, zumindest der Begriff, aber doch ist es bei uns etwas anders; etwas unbeschreiblich stark Zusammenführendes, so als würden wir uns schon ewig kennen und blind vertrauen. Hab ich schon an Sex gedacht, natürlich, so ehrlich muss ich selbst zu mir sein. Ob sie es auch schon gedacht hat, ich weiß es nicht, ihre Gefühlswelt ist so anders als meine, so verzeihend und voll Liebe und Vertrauen, beneidenswert. In einer anderen Beziehung ist Sex vielleicht etwas Wichtiges und Unvermeidliches, bei uns noch nicht, und ich denke, es wird auch nie eine Hauptrolle spielen, denn mir ist klar, es wird nur sie geben, und das vielleicht nur für begrenzte Zeit. Ich hätte mich vor Wochen nie zu denken getraut, dass ich je eine Frau kennenlerne, der ich mich anvertrauen kann, der ich mein Herz ausschütten kann und zu der ich, und das habe ich bereits, mein größtes Zutrauen habe. Mutter ich hoffe, du verzeihst mir. Alleine das ist mir so viel wert, dass da der sexuelle Kontakt zwar nicht ganz aus meinem Kopf verschwunden ist, aber wenn ich ehrlich bin, war er ja das auch vor unserer Begegnung nie. Aber unsere Beziehung davon abhängig zu machen, war absurd und Gedanken unwürdig.

Nach dem Anfall fühlte ich nichts, die normalerweise auftretenden Muskelschmerzen empfand ich nicht und mein Geist war leer, die Enttäuschung war wieder einmal so groß, dass ich mich am liebsten dem Ende geneigt hätte, aber irgendwie hatte ich das Gefühl, dass mich in diesem Leben noch jemand brauchen würde.

Übrigens, wenn ich gewusst hätte, dass mich beim ersten Mal Hinaufbitten so eine tiefe Traurigkeit überschüttet, hätte ich mir nie gewünscht, dies zu erleben und es geschah früher, als ich mir je zu hoffen wünschte.

9

Vor kurzem, als ich wieder mal die Ehre hatte, auf der Wartebank des Spitals zu sitzen, lauschte ich unfreiwillig einem Gespräch zwischen Mutter und Sohn; er dürfte so an die acht Jahre alt gewesen sein. Unfreiwillig ist ein wenig übertrieben, denn ich hätte mir ja auch die Ohren zuhalten können, einfacher wäre Wegsetzen gewesen, aber wie schon so oft erwähnt, man klammert sich ja an fast jeden Halm, um die Zeit totzuschlagen. Die letzten Monate hatte mir Tina das Übel des Wartens abgenommen.

Schon witzig, seit ewig und gestern sträube ich mich gegen diese Therapien, wöchentlichen Untersuchungen und Nachsitzungen, diese überaus wichtigen Vier-Augengespräche, zumindest aus Sicht der Ärztekammer, zwischen mir, dem behandelnden Arzt, meiner Mutter und drei oder vier baldigen Jungärzten – mir ein Rätsel, wie man da auf vier Augen kommt. Und was kommt dabei heraus? Sagen wir mal so, was wäre passiert, hätte ich meine Gedanken der Realität zugewendet? Ich hätte sie nie und nimmer kennengelernt; die Rede ist von Tina.

Ich komme zu dem Gespräch der beiden zurück, natürlich war der Sohn ebenfalls mit der Krankheit der Zerebralparese konfrontiert, andererseits, wer setzt sich sonst in diesen Warteraum, könnt er sich's nicht ersparen. Die Mutter versuchte, ihrem Sohn, Lukas hieß er übrigens – in der Zeit des Zuhörens habe ich auch das erfahren – klarzumachen, dass die Schule wichtig für ihn sei und da müsse er durch. Ich habe nicht jedes einzelne Wort verstanden, da die Mutter, immer wenn sie emotionaler wurde, komischerweise leiser sprach. Vermutlich wurde ihr dabei bewusst, dass sie für den geräuscharmen Wartesaal zu laut sprach, und sie senkte ihre Tonlage derart, dass ich nur mehr anhand von Mundbewegungen erraten konnte, was sie gerade sagte. Im Großen und Ganzen wusste ich genau, worum es ging und ich konnte mich wiedererkennen, eigenartigerweise. Auch meine Mutter habe ich wiedererkannt, nur der Raum und die Zeit waren anders, die Umstände keinesfalls.

Er konnte es psychisch nicht mehr ertragen; schon das Wort Mitschüler brachte ihn innerlich in so einen stressigen Zustand, dass ein spastischer Anfall oft die Folge war. Der tägliche Anmarsch in die Schule war ein einziger Horror, die Demütigung beim Betreten der Schule unbeschreiblich und erst der Unterricht selbst, eine Geißelung des eigenen Körpers, Guantánamo kann nicht schlimmer gewesen sein, auch wenn der Vergleich hinkt.

Während ich den beiden so zuhörte, kamen mir Momente in den Sinn, sogar die einzelnen Wortphrasen der Dame der Schulbehörde kamen zum Vorschein, so als wäre das Gespräch gestern gewesen:

„Bei Kindern mit einer Zerebralparese ist die Einschulung in eine Regelschule meist ein schwerer und bürokratischer Prozess. Viele Lehrer sind nicht dazu ausgebildet, Kinder mit einer Körperbehinderung aufzunehmen, selbst wenn ihre kognitiven Fähigkeiten mit denen eines Regelkindes vergleichbar sind. Deshalb wird z. B. in der Schweiz keinem Lehrer vorgeschrieben, ein Kind mit Zerebralparese aufzunehmen. In vielen Fällen liegt es an den Eltern, sich dafür einzusetzen, dass das eigene Kind eine Regelklasse besuchen kann".

Kurze Atempause, kleiner Schluck aus einem Glas, gefüllt mit Orangensaft. Wenn der Inhalt der Qualität des Glases entsprach, es war aus Kristall, dann war der Saft frisch gepresst, bereitgestellt auf einem Silbertablett. Und natürlich nur für sie, wir bzw. ich entspreche ja nicht der Regel.

„Ahh, wo war ich, ja, wenn ein Kind mit körperlichen Schwierigkeiten in die Regelklasse aufgenommen wird, ist dessen Schulalltag oft von vielerlei Hürden geprägt. Problematisch ist schon die Tatsache, dass von einem Kind mit Behinderung meist das Gleiche erwartet wird wie von Kindern ohne Einschränkungen. Andererseits ist es gerade für Kinder mit einer körperlichen Behinderung sehr wichtig, ihnen nicht in gut gemeinter Hilfsbereitschaft jede Arbeit abzunehmen, sondern ihnen das Gefühl zu geben, dass sie gesellschaftlich wichtige Arbeit leisten und selbstständig für sich sorgen können. Die Anforderungen an das Lehrpersonal sind daher bei Kindern mit Behinderung enorm. Die Möglichkeit einer Beantragung eines Integrationshelfers besteht, es ist meine Pflicht, Ihnen das mitzuteilen, aber bitte bedenken Sie, die Beantragung ist meist mit einem hohen bürokratischen Aufwand und natürlich mit Kosten verbunden. Zuallerletzt, bitte be- denken Sie, dass potenzielle Konflikte zwischen behinderten und nichtbehinderten Schülern unvermeidbar sind und ..."

Am liebsten hätte ich die Mutter von Lukas gefragt, ob sie auch dieses Gespräch mit der Dame der Schulbehörde geführt hat. Ich meine, auch wenn wir behindert sind, körperlich, nicht geistig, das kombinieren sehr viele Menschen, und auch wenn wir erst sieben, acht Jahre sind – das ist meist die Zeit, wo wir mit der Schulzeit beginnen dürfen – bekommen wir schon mit, was uns da an den Kopf geworfen wird. Mir ist das damals so vorgekommen, als hätte sie diese Leier auswendig gelernt, im Lexikon oder im Internet unter Wikipedia nachgelesen und uns dann aufgesagt: Der Nächste bitte! und erneut die auswendig gelernte Floskel aufgesagt. Die Namen Regelschule und vor allem Regelkinder schwirren noch heute in meinem Kopf und verbreiten Unruhe und Unverständnis.

„... z.B. in der Schweiz wird keinem Lehrer vorgeschrieben, ein Kind mit Zerebralparese aufzunehmen ..."

Ich meine, also damals meinte ich – mir kommt das nur wieder aufgrund des Gespräches hoch – was wollte sie uns da mitteilen? Sollen wir jetzt froh sein, dass wir in Österreich leben? Oder, und das hörte sich so an, sind das die Gesetze, welche bei uns erhofft werden und vielleicht sogar angestrebt werden? Als nächstes möchte der Lehrer nur Kinder von einer Körpergröße zwischen 160 cm und 170 cm, denn da fällt dieses zeitaufwändige und störende Sich-Gedanken-machen weg, wen ich wo hinsetze, dass alle schön nach vorne sehen.

Oder vielleicht wünscht sich dann ein Pädagoge, dass er

nur mehr Kinder von Familien mit einem Mindestmonatseinkommen von € 3000.- unterrichtet, denn dann würde dieses ewige Nachlaufen und Bitten um gewisse Beiträge für Schulungen, Materialen und Ausflüge wegfallen. Wo kommen wir hin, wenn sich Dienstleistungsbetriebe ihre „Kunden" aussuchen dürfen? Da möchte dann vielleicht die Krankenschwester nur mehr auf der Geburtenstation arbeiten, denn da sind die traumatischen Erlebnisse mit dem der chirurgischen oder internen Station nicht vergleichbar. Oder etwa der Polizist, wenn man sich es schon aussuchen kann, na dann möchte er nur mehr bei den Pop- und Rockkonzerten in erster Reihe stehen und nicht mehr mit gezogener Waffe in gefährliche Objekte gehen oder notwendige riskante Autoverfolgungen durchführen.

Vielleicht hinken meine Vergleiche, aber man wird oft mit Leuten konfrontiert, die vom tatsächlichen Leben keine Ahnung haben, zumindest erwecken sie diesen Eindruck. Die haben vielleicht, und das bestreitet vermutlich niemand, eine erstklassige Ausbildung, aber die Praxis, das Verständnis und das Einfühlungsvermögen fehlt zum Teil oder manchmal sogar komplett.

Meine Mutter ging damals nach dem Gespräch bei der Schulbehörde mit Tränen gefüllten Augen mit mir nach Hause. Sie wusste weder ein noch aus, die Frau hatte sie so verunsichert und verängstigt, dass sie das Gespräch versuchte zu verdrängen.

Ihre Vorstellungen waren vor der Konversation jene, dass ich in eine Klasse integriert werde, eventuell eine Bezugsperson bekomme, die mir in psychischen Fällen, aber auch bei Kernproblemen, zur Seite steht. Wie sah die Realität aus? Kurzum, genauso wie bei dem Jungen, also Lukas, vom Wartesaal im Spital. Natürlich hatte meine Mutter nach dem Gespräch keinen Integrationshelfer beantragt, natürlich führte sie kein Gespräch über mögliche Probleme mit meinem zukünftigen Lehrer, sondern es fand nur ein Alibigespräch mit der Direktion statt. Ich mache ihr keineswegs einen Vorwurf, habe ich nie, denn ich wusste und weiß, wie schwer sie es mit mir hatte und hat, aber die Suppe musste ich auslöffeln. So wie es vermutlich fast allen Kindern mit schwerer Behinderung geht, so wie es Lukas in der Schule geht, so erging es mir.

Ich träumte von meiner Welt, auch in meiner Welt gibt es eine Schule, aber Integration ist da nicht notwendig. Probleme werden durch Worte gelöst, jeder freut sich, wenn er dem anderen zur Seite stehen darf und der Lehrer würde nie auf die Idee kommen, einen Schüler wegen Aussehen, Behinderung oder Herkunft aus seiner Klasse auszuschließen. Und plötzlich werde ich durch den Weckruf meiner Digitaluhr aus meiner Welt gerissen und der erste Gedanke: Um Himmels Willen nicht schon wieder Schule! Die Angst wurde stets größer, je näher ich mich der Schule näherte und oft musste ich mir schon am Weg selbst so manche Schimpferei und Erniedrigung gefallen lassen. Das Adrenalin war nicht mehr unter Kontrolle und die epileptischen Anfälle häuften sich, die Anzahl der Schultage verringerte sich extrem und somit war der grundsätzliche Gedanke der Integration, die Einführung in das normale Leben gescheitert.

Es war sicherlich die grausamste Zeit meines bisherigen Lebens, müsste ich es heutzutage nochmals durchleben, würde ich aus Sicht Gottes oder der Religion eine Sünde begehen und mein Leben in dieser Welt gegen ein Leben in meiner Welt tauschen.

Es ist natürlich jetzt leicht zu sagen, die Schulbehörde, die Gemeinde und die Politik sei schuld an dem Problem der Integration von behinderten Menschen. Es ist auch leicht zu sagen: Die hat ja keine Ahnung von der Praxis, wenn ich jetzt die Dame der Schulbehörde als Beispiel nehme und somit die Schuld einfach auf jene Person abwälze und im Gegenzug aber keine Lösungsvorschläge mache.

Ich finde, konfrontiert man Regelkinder, schön langsam gefällt mir dieses Wort, ganz früh mit behinderten Kindern, kann man sehr gute Ergebnisse erzielen. Kinder im Alter von 3 - 6 Jahren, also jene, die in den Kindergarten gehen, haben ein anders soziales Denken. Sie sind noch unvoreingenommen, haben die Schlechtigkeit ihrer unmittelbar nahe lebenden Mitmenschen noch nicht angenommen und verhalten sich somit ganz indifferent, natürlich und neutral gegenüber behinderten Menschen.

Vielleicht besteht dann organisatorisch noch die

Möglichkeit, dass jene Kinder, die gemeinsam im Kindergarten waren, und somit ein soziales Netz untereinander gebildet haben, auch gemeinsam in die Schule kommen. Ich denke, wären Probleme oder Konflikte vor Ort, würden diese Kinder den behinderten Kindern viel mehr zur Seite stehen und könnten ihnen zumindest in gewissen Lebenslagen mehr helfen, als es oft Integrationshelfer bei bestem Gewissen tun können. Ich hätte eventuell nicht so ein tägliches Unbehagen gehabt, hätte ich ein bis zwei Kinder gekannt, die mich akzeptierten, zu denen ich mich mal hätte dazustellen oder mit denen ich einfach mal das Gespräch hätte suchen können. Und dieses Verhalten, und das ist meiner Meinung nach der Punkt, verliert ein großer Prozentsatz dieser Kinder nicht mehr, so sehr sie auch von Älteren beeinflusst werden, und da kommen wir dem Ziel der Integration einen riesigen Schritt näher. Was helfen Kurse, Einschulungen und Seminare, wenn der Mensch tief in seinem Kern eine Ablehnung gegenüber Behinderten hat? Wären allerdings solche Kinder, die von klein auf mit Behinderten quasi groß geworden sind, mal in solchen Positionen, dann hätten sie das Verständnis und würden anders kommentieren und agieren: da bin ich mir sicher.

Vielleicht irre ich mich auch und diese Menschen werden dann so stark beeinflusst, dass sie irgendwann innerlich zerbrechen und nachgeben und uns *Nicht-Regelkinder* doch diskriminieren und geistig verstoßen. Ein Versuch ist es trotzdem wert und ich bin mir sicher, dass es einige gibt, die ein so starkes inneres Selbstwertgefühl haben, dass sie sich nicht verbiegen lassen.

10

Eigentlich ein Tag, ein Morgen wie jeder andere, nein, ein wenig hatte sich in den letzten Wochen doch geändert. Ich hoffte morgens beim Aufwachen, Tina zu sehen, die Zeit mir ihr zu verbringen, einfach in ihrer Nähe zu sein.

Wenn ich zurückdenke, dann ist es noch gar nicht lange her, dass ich mir täglich beim Aufwachen Gedanken machte, wieso ich mir das alles noch antat. Was soll ich bloß tun diesen langen Tag, wie werde ich die Stunden wieder totschlagen, dass ich mich endlich wieder niederlegen darf, um von meiner Welt zu träumen. Im Traum hatte ich stets die schöne, eigene Welt vor Augen, in der alle Menschen, egal wie sie aussahen, was sie sprachen, wie sie gestikulierten oder wie auch immer sie sich bewegten, glücklich sind. Keiner tut dem anderen weh, nimmt ihm etwas weg oder ist ihm neidisch, weil er Dinge, Materien oder Gedanken hat, die er nicht besitzt. Liebe wird großgeschrieben, aber nicht weil es ein Hauptwort ist, das auch, aber in erster Linie ein Gedankengut, welches im Geiste Vorrang hat. Polizei, Richter und Bundesheer sind überflüssig, denn sie wären arbeitslos. Natürlich ist mir klar, dass es so eine Welt, eben meine Welt, nie geben kann und wird, aber ein kleiner Prozentsatz da- von wäre schon der größte Gewinn der Menschheit.

Ich lag noch im Bett und träumte mit offenen Augen, wie Tina und ich an unserem Lieblingsplatz saßen und unsere Hände hielten, als ein eigenartiger Ton diese Welt zerstörte.

Die Ruhestörer sind heutzutage unumgänglich, aus den meisten Köpfen nicht mehr wegzudenken; es geht so weit, dass Menschen richtige Entzugserscheinungen bekommen, wenn sie ihr Mobiltelefon, liebevoll Handy genannt, vergessen haben. Ich hätte vermutlich bis heute keines, außer es kommt vielleicht soweit, dass man sich Fahrscheine, Karten für jeglichen Besuch von Kino, Museum und dergleichen nur mehr, und damit meine ich ausschließlich, mit diesen elektronischen Dingern kaufen kann. Ja, ich denke, davon sind wir nur noch einen kleinen Schritt entfernt. Was darüber alte, behinderte, technisch unbegabte oder sich nicht damit abgebende Menschen denken und wie sich damit abfinden werden, interessiert fast niemanden.

SMS, eine neue Nachricht erschien auf meinem Handy, welches ich eben solange verweigert hatte, bis eben dieser Mensch in mein Leben kam, der mich veränderte, und somit auch der stolze Besitz eines Mobiltelefons. „Stell dir vor, ich brauche dich, und sei es nur zum Reden, um deine Stimme zu hören, wenn du viele Minuten von mir entfernt bist." Das waren die Worte, als sie mir das Handy überreichte und ich es einfach entgegen-

nahm – seltsame Handlungen beschreibt das Leben. *„Komm bitte so schnell du kannst, die Haustür sollte offen*

sein, komm einfach hoch. Bitte, ich brauche dich. Lg Tina"

Genau kann ich es nicht sagen, aber ich denke, so an die achtmal habe ich diese Nachricht gelesen. Erstens war es sehr unüblich, dass sie mir eine SMS schrieb, zweitens die Tageszeit, etwa 8 Uhr früh und drittens die Tatsache, dass sie mich nach oben bat, wie schon erwähnt, bis dato ein Novum. Bis zu diesem Zeitpunkt lag ich immer noch im Bett, der Zufall, dass diesmal das Handy auf meinem Schreibtisch lag, unterstützte diese Tatsache. Soll ich sie zurückrufen, ihr vielleicht zurück schreiben. Aber hätte sie das gewollt, hätte sie mich, wie sie es sonst tut, angerufen. Schon alleine der Umstand, dass sie eine SMS schrieb – für normale Menschen eine Tätigkeit, welches manche skurrilerweise bis an die 200-mal täglich oder sogar mehr tun – für sie aber eine Aktivität, die höchste Anspannung und Konzentration erforderte, und dann auch nur möglich, wenn es ihr momentaner körperlicher Zustand zuließ. Nach langen Überlegungen, immer noch in meinem Bett, jedenfalls kam es mir lange vor, denn oft unterscheiden sich geistige und zeitliche Komponenten, kam ich zu dem Entschluss, einfach ihrer Aufforderung

Folge zu leisten und verließ gegen dreiviertel neun meine Wohnung.

Jedenfalls ist das Haus, in dem Tina wohnt, im Jahre 1950 gebaut, und ich betrat es mit flauem Magen. Nicht vielleicht, weil es so alt wäre und ich Angst hatte, mir könnten Gesimsteile entgegenfallen oder gar das Stiegenhaus einstürzen, im Gegenteil, das Haus war in einem Topzustand, nein Tinas Worte, die SMS, schwirrte noch immer in meinem Großhirn. Übrigens, die Haustüre war wirklich offen, eben nicht versperrt und da es keine Gegensprechanlage gab, konnte ich ungehindert eintreten. Eine Seltenheit: Wohnhäuser ohne Gegensprechanlage (dass die Bewohner nicht protestieren!), eine Einladung für Diebe, Sexualverbrecher und mutwillige Alleszerstörer, selbstverständlich und selbstredend Ausländer, unser- eins macht ja so etwas nicht. Andererseits, wer kann sich noch erinnern, als die Hausmeisterin um 21 Uhr die in ihr Ressort gehörenden Türen versperrte, und da waren sie definitiv zu. Heutzutage kann man zu jeder Tages- und Nachtzeit mittels Postschlüssel, und den bekommt man mittlerweile überall – ich glaube, wenn du ein Handy kaufst, bekommst du ihn dazu – ungehindert eintreten und quasi dem Status des bösen Ausländers gerecht werden. Gute, alte Zeit, das Neue ist nichts wert, manchmal blöder Spruch, aber wie so oft, der wahre Kern steckt in jedem Leitsatz.

Ich wusste, dass sie Tür 7 hat, das Stockwerk war mir nicht bewusst. Da ich in letzter Zeit gut zu Fuß war, selten Probleme mit meinen Beinen hatte, beschloss ich, das Stiegenhaus zu nehmen. Eine fast unangenehme Still begleitete mich in den ersten Stock, wo die ersten drei Wohnungen zu finden waren, die Räume mussten eine Höhe an die 3,50 m haben, denn die Stiegen waren so flach und weit ausgeführt, dass es einer kleinen Odyssee ähnelte, bis man Tür 1 erreichte. Dürfte schon der 3. Stock werden, wenn nur drei Wohnungen pro Etage angesiedelt waren. Entweder war es die geringe Einwohner- zahl von Österreich oder die Möglichkeit, genügend Bauland zur Verfügung zu haben, dass man damals nur so wenige Wohnungen, vermutlich aber alle mit großer Quadratmeteranzahl, pro Wohnhaus integrierte.

In den Neuzeithäusern, oder wie man sie auch nennen mag, befinden sich schon im Erdgeschoss drei bis fünf Wohnungen, und komischerweise ist dann auch noch die Stockwerksanzahl höher, also von Kompensieren keine Spur. Beim Hinaufquälen, mittlerweile war ich im zweiten Stock, musste ich an Tina und an einen möglichen technischen Defekt des Aufzuges denken – eine undenkbare Verbindung. Als ich den Aufstieg in den dritten Stock begann, tatsächlich waren wieder nur drei Wohnungen im zweiten Stock, bereute ich meine Entscheidung, nicht den Aufzug genommen zu haben. Etwas keuchend, jedenfalls außer Atem und nach Luft ringend, stand ich vor der Tür 7, eine kompakte Holztür ohne Namensschild. Die Glocke war eher eine Ringel, denn sie musste man drehen, um den gewünschten Laut zu hören, oft draußen lauter als drinnen, dafür aber schön und antiquarisch.

Wenn man so vor einer geschlossen Wohnungstüre steht und auf das Entfernen des Hindernisses zwischen dir und deiner Herzensfrau hofft, und man plötzlich nur ein Surren hört, ist die Enttäuschung naheliegend. Die Türe öffnete sich automatisch und blieb in der Stellung, bei man normalerweise von einer angelehnten Türe spricht, sprich Hineinschauen: negativ. Irgendwie erhoffte ich jetzt, dass sie den Rest der Türe öffnete und mich empfing; nichts tat sich, die Türe rührte sich keinen Milli- meter und von Tina auch keine Spur. Ich meine, ich konnte doch nicht so einfach in die Wohnung gehen, immerhin war ich ja noch nie bei ihr; bei diesem Gedanken fiel mir übrigens ein, dass ich tatsächlich das erste Mal hierher kam und ich kein Mitbringsel mithatte. Peinlich berührt trat ich von einem Bein auf das andere, wie wenn mir das jetzt Blumen, Schokolade und Plüschbären hervorzaubern könnte.

Nach endlosem Warten, jedenfalls kam es mir so vor, wieder einmal waren sich die geistigen und zeitlichen Komponenten nicht eins, rief ich sie.

„Tiiiinaaa!“

Die Wohnung musste wirklich riesig sein oder sie verbarg sich hinter dicksten Eichentüren, denn ihre Stimme klang weit entfernt und leise.

„Komm rein bitte, dritte Türe links!"

Dritte Türe links, was hat die, Appartements, dachte ich, als ich die Eingangstüre öffnete und eintrat. Das Vorzimmer war wirklich lang und riesig, denke mal, von der Größe her gibt es da schon eigenständige Wohnungen, Garconniere oder Einzimmerwohnungen werden die in Wien genannt. Alter Parkettboden, weiß bemalte Wände, Raumhöhe tatsächlich an die 3,50 m, also mit normalen Haushaltsleitern ist da das Lampenwechseln, geschweige das Montieren der Beleuchtungskörper ein Ding der Unmöglichkeit. Der Raum bestand hauptsächlich aus Türen, rechts zwei und links drei, da war für Möbel gerade mal dazwischen Platz. Aber außer einer Garderobe, die an der Wand angebracht war und einem Kasten, der wirklich ein schönes, antikes Stück war, befand sich nichts in dem Raum. Andererseits, was stellt man sich auch schon in ein Vorzimmer, auch wenn so viel Platz ist, denn die Raumbreite war auch nicht ohne, sicher so an die vier Meter, ein Gästebett würde nur vom Platzangebot her passen. Alle Türen waren verschlossen, eine einen Spalt offen. An der ersten Türe links hing ein Bild, auf dem ein kleines Mädchen auf einem kleinen *Scherm* saß, dieser berühmte Topf, welcher früher unter den Betten stand, vermutlich, weil das Klo im Flur war und um den Gang dorthin nachts zu vermeiden. Ergo, es dürfte sich um die Toilette handeln. Beim Vorbeigehen warf ich einen kleinen Blick durch den Spalt der halb offenen Türe, zwei Küchenzeilen, ein kleiner Tisch mit Hockern und einer Kredenz waren sichtbar. Sauber, alt und einfach, ja das würde ich sagen, wenn ich mich kurz halten müsste, über den ersten Eindruck der Wohnung.

Als ich vor der besagten Türe stand, pochte mein Herz schneller, irgendwie hatte ich Angst, dass sie mir etwas mitzuteilen hatte, was mir wehtun würde. Verlässt sie mich; nicht der herkömmliche Gedanke, dass sie einen anderen hat, kommt mir da in den Sinn, bei ihr nicht einmal denkbar. Eher, dass sie mir ihr Leid nicht mehr antun möchte und meint: Lebe dein Leben, du hast deines noch vor dir. Wenn sie wüsste! Denn erzählt habe ich es ihr ja nie, sie würde es nicht verstehen. Jeder kommt mal mit seinem Leiden nicht so gut zurecht; obwohl die Krankheit alleine, das wäre es ja nicht. Der Umstand, wie die Menschen mit dir umgehen, dich behandeln und dich schubladieren, das ist erbarmungslos und oft nicht lebenswert.

Ich klopfte kurz und, ohne auf ihre Aufforderung zu warten, öffnete ich und trat ein. Ein großer, heller Raum breitete sich vor mir aus und so konnte ich sie nicht gleich sehen, da sie links hinter einem großen Schreibtisch saß. Sie schaute kurz auf, lächelte wie immer und blickte auf den Stuhl neben ihr, ihre Mimik und Geste waren eindeutig.

Der Raum hatte drei große Fenster, die straßenseitig liegen und viel Sonnenlicht erlauben. Ein runder Esstisch mit vier großen Stühlen, allesamt aus schönem, altem Holz stand rechts im Raum vor einem der Fenster, der Schreibtisch, an dem Tina saß, protzte vor dem linken Fenster. Gegenüber war noch eine Anrichte mit Fernseher und DVD, vermutlich das Zimmer, in dem sie sich am meisten aufhielt. Es gefiel mir und ich fühlte mich wohl. Als ich zu ihr ging, bemerkte ich, dass sie gar nicht auf einem Sessel saß, sondern in einem Rollstuhl. Kurzzeitig hielt ich inne, vielleicht auch mein Herzschlag; es fühlte sich jedenfalls so an und meine vorhergehende Befürchtung dürfte der Wahrheit sehr nahe kommen.

Ich versuchte, mir nichts anmerken zu lassen, als ich sah, dass sie im Rollstuhl saß, aber es dürfte mir nicht gelungen sein, denn sie lächelte wieder, als wüsste sie, dass ich verlegen und unsicher war. Tränen stiegen mir in die Augen und ich konnte sie nicht zurückhalten, sie quollen aus meinen Augen und rannen mir über die Wangen. Nicht der Gedanke, dass sie ab jetzt nicht mehr laufen konnte, bedrückte mich in diesen Sekunden, denn das musste früher oder später kommen, das wusste ich, nein, der Gedanke, dass es in ihrem Leben wieder einen Schritt bergab ging und dass sie bald unten angelangt sein würde, das war der Auslöser meiner Verzweiflung.

11

Einen Monat später stand ich am Rande eines Grabes und schaute in das Loch, wo soeben der Sarg herabgelassen wurde. Wie in den Filmen: Es regnete leicht vom Himmel, das sogenannte Hundewetter, wobei vermutlich Katzen wasserscheuer sind als Hunde. Ich versuchte, traurig zu sein, eine Träne aus meinen Augen zu bekommen, es gelang mir beides nicht.

Eigenartig, er war mein Erzeuger, dank ihm durfte ich mich als Erdenbewohner bezeichnen, aber das war auch schon alles. Ich habe ja bereits unser Verhältnis erläutert. Irgendwie hatte ich seit meiner Geburt, auch wenn ich die ersten Jahre es nicht mitbekam, auch da war es aber vermutlich nicht anders, das Gefühl, er gab mir die Schuld an meiner Behinderung und verabscheute mich dadurch. Wäre ich bösartig, könnte ich es sogar als Widerspruch bezeichnen, denn hatte er vor meiner Erzeugung eine ähnliche Einstellung zu seinem Leben, wundert mich meine Behinderung nicht unbedingt, vor allem da ich die meiner Mutter kenne.

Kann es möglich sein, dass man die Beliebtheit eines Menschen an Hand der Anzahl der zur Beerdigung kommenden Personen messen kann? Es würde mich erschüttern, wäre es so. Asche zu Asche, Staub zu Staub, danach sind wir wieder alle gleich. Die Anzahl der Anwesenden, welche meinem Vater die letzte Ehre gaben, war im Verhältnis zu der Beerdigung, bei der ich 15 Monate später war, enorm. Deswegen kann es nicht sein, dass die Anzahl etwas aussagt. Beide ließen sich verbrennen, die Asche, die sich in der Urne befindet, weist vermutlich chemisch und physisch keinerlei Unterschiede auf. Ehrlich gesagt bin ich überfragt, ob man in der Asche eines Menschen noch eine DNA bestimmen und somit eine Behinderung eruieren kann. Wäre es nicht so, wären tatsächlich diese beiden Menschen wieder gleich, jetzt wo das Leben vorbei ist, sind sie wieder gleichgestellt, himmelschreiend ungerecht. Da kann ich nur hoffen, dass die 21 Gramm, die ein Mensch angeblich sofort nach seinem medizinischen Tod leichter ist, den gravierenden Unterschied ausmachen, und sollte es tatsächlich ein Leben nach dem Tod geben, dann kommt die Gerechtigkeit ans Licht.

Tina begleitete mich zum Begräbnis meines Vaters nicht. Nicht weil sie ihn nicht kannte, das würde ihrer Lebenseinstellung widersprechen, denn es war mein Vater, sie liebte mich und so wäre es selbstverständlich, dass sie mich dahin begleitet hätte. Es ging ihr wieder erheblich schlechter, ihr Zustand änderte sich tageweise und meine Sorgen wuchsen zum Quadrat.

Seit dem Tag, als ich sie nach ihrer SMS besucht hatte, wohnte ich bei ihr. Ich setzte mich damals neben sie, hielt ihre Hand und sie fing ruhig und gelassen zu sprechen an, so als würde sie mir das Erlebnis vom letzten Wochenende erzählen. Die Tetraplegie hatte nun voll eingesetzt, es bestand eine generalisierte Lähmung aller Extremitäten sowie eine motorische Behinderung. Sie sagte mir auch gleich, dass es möglich sei, dass eine kognitive Behinderung, also eine beeinträchtigte Intelligenz, auftreten könne − in welchem Ausmaß, das konnten ihr selbst die Ärzte nicht sagen.

Nach einer kurzen Atempause, auch das Reden viel ihr immer schwerer, erzählte sie mir, dass sie eine Operation abgelehnt hatte, die man ihr nahelegte. Ich musste mich wirklich konzentrieren, auch wenn meine Gehörgänge auf ihre undeutliche Aussprache bereits eingestellt waren, es war immer schwerer, sie zur Gänze zu verstehen. Eine Nervendurchtrennung, sie wird in der Fachsprache als Neuroanatomie bezeichnet, wurde ihr vorgeschlagen. Hierbei wird irreversibel eine spastische Lähmung in eine schlaffe Parese umgewandelt. Diese Operation wird meist bei schwerster spastischer Kontraktur, also bei Gehunfähigkeit, durchgeführt. Die Ärzte waren aber so fair zuzugeben, dass es nur ein kleiner Rettungshaken wäre und es keinerlei Garantie gab. Ich weiß nicht, ob sie aus diesem Grund oder einem anderen − meist wusste sie genau, wie es um sie stand – die Operation verweigerte; sie teilte es mir nicht mit und ich fragte sie nicht danach.

Ich lief, naja ich humpelte damals schnell, gleich nach unserem Gespräch zu mir nach Hause, packte meine Sachen und nahm einen schnellen Abschied von meiner Mutter. Übrigens war es auch damals, dass ich meinen Vater das letzte Mal sah, aber auch er zeigte keinerlei Regung bei meinem Auszug. Ich weiß nicht so recht, wie es in anderen Familien so abläuft, wenn ihr Kind auszieht. Ich denke, der Vater wird nicht in Tränen ausbrechen und den geliebten Sohn oder die über alles geliebte Tochter zurückhalten. Es ist halt der Lauf der Zeit, aber er wird zumindest abschließende, aufbauende Worte finden. Mein Vater nahm sich ein Bier aus dem Kühlschrank, ob in ihm jetzt eine Feierlaune entstand und er somit Lust auf Bier bekam, sei dahingestellt, jedenfalls verlor er kein einziges Wort. Diese letzten kurzen Blicke, die wir wechselten, kamen mir vor dem Grabe wieder hoch, Träne kam trotzdem keine, jedoch ein kurzes Ge- denken. Meiner Mutter fehlten die Worte, nicht jetzt we- gen des Verhaltens meines Vaters, dieses war sie zur Genüge gewöhnt, es war Traurigkeit in ihrem Blick und die Tränensäcke wuchsen. Die Frage, ob mich mein Vater eventuell mit dem Auto bringen könnte, erübrigte sich schon seit Jahren, ich nahm mir ein Taxi und drei Stunden später war ich wieder bei ihr.

12

Das Zimmer, welches sie mir zur Verfügung stellte, war hell, klein und einfach, aber liebevoll eingerichtet. Das Bett, es stand direkt unter dem Fenster, war aus solidem Holz, die Matratze weich und das Bettzeug gut riechend. Gleich neben der Türe stand ein großer Kasten, vermutlich aus demselben Holz wie das Bett, auch das Baujahr könnte hinkommen. In den unteren Regalen waren Bettwäsche und Handtücher, denke, dass sie nicht erst seit meiner Anwesenheit dort lagen. Neben dem Bett stand noch ein kleiner Tisch, den man durchaus auch als Schreibtisch hätte verwenden können.

Ob ich einen Fernseher im Zimmer benötige oder lieber bei ihr schauen wolle, war eine ihrer ersten Fragen, komisch, dass sie das belastete. Mir war natürlich klar, dass es erstens eine unangenehme Lage für Tina war, und man es zweitens mit einem normalen Zusammenziehen zweier Liebenden nicht vergleichen konnte; die Situation war nicht dementsprechend. Ich habe auch nicht mal im Traum daran gedacht, mich jetzt bei ihr im Schlafzimmer breitzumachen, es war einfach, wie schon oft erwähnt, eine ganz besondere Liebe, von mir aus kann man sie auch platonisch bezeichnen. Ich fand es auch echt fair, dass sie mir ein eigenes Zimmer zur Verfügung stellte, aber ich suchte trotz allem ihre Nähe und so nahm ich das Angebot, zumindest den Abend mit ihr zu verbringen, gerne an. Selbstredend durfte ich auch ihren Computer benutzen, und das so oft ich wollte, aber weder sie, noch ich waren Chatter, Spieler oder große E- Mail-Schreiber, jedenfalls denke ich, dass das bei ihr auch so ist, mir war in unserer bisherigen Zeit nichts Gegenteiliges aufgefallen.

In den ersten Wochen konnte sie zum Großteil ihre

Handbewegungen noch gut koordinieren, es wurde aber danach von Tag zu Tag schlechter, was ihr große Weinkrämpfe bescherte, so hatte ich sie noch nie gesehen. Seit ich sie kannte, egal was ihr widerfuhr, sie meisterte es mit Gelassenheit und stoischer Ruhe, den imaginären Hut zog ich jeden Tag vor ihr. Die Wochen, nachdem ich bei ihr eingezogen war, dürften selbst für sie zu viel gewesen sein, andererseits aber kein Wunder. Wenn ich so bedenke, aus welchem Grund andere Menschen sich aufregen, sich gegenseitig beschimpfen oder aus Mücken Elefanten machen, kommt mir oft der Wunsch hoch: Lass sie nur eine Stunde das Schicksal wechseln.

Vielleicht saß sie die vielen Stunden, die wir uns nicht sahen, also bis zu dem Zeitpunkt, als ich bei ihr einzog, vor dem PC und gab sich im Chatroom oder sonst einem imaginären Zimmer als eine Person aus, die sie gerne wäre, denn die Möglichkeit: *noch werden möchte*, fällt bei ihr vermutlich weg. Im Prinzip kann man in keinen Menschen hineinsehen, wie oft wurden Personen von nächst- stehenden Menschen zutiefst verletzt, die Dinge taten, die sie sich nicht hätten erträumen lassen, aber ich kann es mir bei Tina einfach nicht vorstellen. Sie gab sich stets so offen, redete über ihre Krankheit so, wie sie tatsächlich war, ohne Wenn und Aber und da soll sie, wenn sie mit sich alleine war, plötzlich ähnlich dem Chamäleon werden und sich verändern. Die berühmte *Hand im Feuer* würde da zum Tragen kommen.

Ich selbst habe noch nicht viele Menschen kennengelernt, dabei meine ich aber nicht Leute wie Ärzte, Psychologen oder Lehrpersonal, sondern Personen mit denen ich über Privates spreche, jene, auf die man sich zu verlassen scheint und deswegen fehlt mir vielleicht der Vergleich. Oft denke ich, auch für mich wäre es eine Möglichkeit, der realen Welt zu entfliehen, irgendwie könnte man es auch mit *meiner Welt* vergleichen. Ich versuche, in Träumen und Gedanken mir das Schöne, Fried- volle, Gerechte und Heilvolle vorzustellen, andere setzen sich vor den Computer und vertiefen sich in PC-Spiele oder eben dem Chatten. Meinen Grund kenne ich, weswegen ich erdacht und körperlos flüchte, aber ich denke, die wenigsten sind schwerbehindert, um sich dadurch von der realen Welt zumindest für Stunden abzukapseln.

Die heutige Zeit, die momentan existierende Gesellschaft ist schuld an der Misere, dass sich immer mehr Menschen in die Einsamkeit zurückziehen. Natürlich gehen sie arbeiten, erfüllen die notwendigsten Angelegenheiten, um ja nicht aufzufallen, damit angebliche Freunde, Kollegen oder Nahestehende keinen Verdacht schöpfen und denken könnten, sie führen ein einsames Leben. Alleinerziehende Mütter, Singles, aber auch die steigende Zahl bestimmter Verbrechen lässt erahnen, dass sich beunruhigende Veränderungen in unserer Gesellschaft ereignen. Was hat das jetzt mit PC-Spiel zu tun?Ich denke einiges. Früher hat man sich Konflikten gestellt, es wurden Probleme ausdiskutiert und das eine oder andere harte Wort ist gefallen, aber danach war meistens die Welt wieder in Ordnung oder zumindest so, wie sie vor dem Streit war. Heute zieht man sich zurück, baut den Stress, den Hass durch Computerspiele ab oder erzählt schreibend seinen Chatfreunden die Konflikte. Meistens reicht das dann auch, danach fühlt man sich freier und man be- gibt sich wieder in das andere Leben zurück. Bei einigen geht es dann so weit, dass sie nicht mehr unterscheiden können, wann sie sich in der imaginären und wann sie sich in der realen Welt befinden, die Hemmschwelle sinkt enorm, denn das Trennen, Besiegen und Töten, aber auch das schöne Leben sowie das Geldscheffeln sind doch so einfach in der Welt der tausend Möglichkeiten; *world wide web,* sicherlich ist es nur ein kleiner Prozentsatz, welcher sich dadurch beeinträchtigen lässt, aber ich denke doch, dass die Zahl dieser Möglichkeit steigt. Ein Bei- spiel, das vielleicht hinkt, aber früher war es selbstverständlich, dass der Sohn oder die Tochter das Geschäft, den Betrieb der Eltern weiterführt. Heutzutage will jeder etwas erleben, möchte es dem gleichtun, der im Internet davon erzählt. Die Kinder hält es nicht mehr in den „Kaffs“, sie möchten hinaus in die große Welt, was oft mit großen Städten gleichgesetzt wird. Einerseits gut, denn warum soll man sie an ihrem Tatendrang hindern, jeder soll das tun, woran er Freude hat, aber anderseits, wo soll das hinführen, wenn keiner mehr die einfache Arbeit erledigen möchte, sich dafür schämt, Bauer, Schmied oder Tischler wie sein

Vater zu sein? Die Städte wachsen, die Kriminalität steigt, denn bald kommt man drauf, dass es nicht so ist, wie sie es einem im Internet vorgaukeln, und die Katze beißt sich in den Schwanz.

Komisch, meine Gedanken schweifen in der Weltgeschichte herum, befassen sich mit Problemen, dich ich gerne hätte, dabei kommen wirklich schwere Zeiten auf mich zu. Nein, das klingt jetzt engstirnig und egoistisch, denn die tatsächlich Leidtragende ist Tina. Gerne würde ich ihr einen Teil der auf sie zukommenden Last abnehmen. Erstens wird sie das nicht zulassen und zweitens würde ich mich im Promillebereich befinden, was ich ihr an Problemen abnehmen könnte.

Um das ganze Thema abzuschließen, nein, nicht im Geringsten glaube ich, dass Tina sich jemals in die fiktive, wesenlose Welt begeben hat, auch wenn sie jeden Grund hätte, größer als all jene, die sich dahin begaben und noch begeben werden.

13

Komischerweise war der Weg vom Friedhof, also nach der Bestattung, schwerer als jener zum Begräbnis, dabei meine ich motorisch und psychisch, welches aber vermutlich zusammenhängt, aber dazu ein wenig später.

Der Nieselregen war bezeichnend für den Trauertag, der lange Weg durch die Baumallee, die vielen Blätter, die sich ihre eigenen Figuren zeichneten, die Vielfalt wäre überwältigend, könnte ich klare Gedanken fassen. Von weitem sah ich das große schmiedeeiserne Tor, welches den Eingang der Ruhestätte darstellte. Die Ruhe, welche mich umgab, versuchte Einigkeit mit dem Friedhof zu finden. Die Menschenleere, genau jene, welche ich früher so liebte, drückte auf die Tränendrüse. Keine Menschenseele, bis auf einen Gärtner, der krampfhaft versuchte, die Blätter in einen geordneten Zustand zu bringen. Es sah fast so aus, als hätte er sich gegen die Götter verschworen, eventuell verriet er ebenfalls Pläne, was die Götter erzürnen ließ und ihn bei diesem Wind Blätter kehren ließen. Jedenfalls nennt man solche Tätigkeiten, eben Arbeiten ohne Erfolgsaussicht, und die des Gärtners war gewiss solch eine Verrichtung, Sisyphusarbeit. Die Strafe von Sisyphos bestand ja darin, nachdem er sich den Zorn Zeus zugezogen hatte, immer und immer wieder einen Stein einen Berg hinaufzurollen. Kurz vor dem Gipfel rollte der Stein stets wieder den Hang herunter und der damalige König von Korinth musste erneut beginnen.

Ja, es ist schon seltsam, diese Wesensänderungen, die man im Laufe eines Lebens durchmacht. Bevor ich Tina kennenlernte, mied ich den geringsten Kontakt mit anderen Menschen, und was ist heute? Ich hätte mir Massen an homo sapiens gewünscht. Anderseits ist meine Wesensänderung doch nicht so weit fortgeschritten, denn wären wirklich viele Menschen heute gekommen, so sehr ich es auch wünschte, hätte ich mir vermutlich nach dem Begräbnis ihr Verschwinden herbeigesehnt. Aber auf diesem endlos langen Weg zum Friedhof dieses menschen- leere Bestehen, eben bis auf Sisyphos Nachahmer, diese Ruhe und der Gedanke, dass ich heute meinen liebsten Menschen verabschiede, machte mich einfach traurig und weckte Unverständnis in mir.

Tina war eine Seele von einem Menschen, ihre soziale Ader war unersättlich, ihre Liebe zur Menschheit beachtlich, vor allem deswegen, da sie ja das Wenigste davon zurückbekam. Also der Spruch „Liebe kann nur jener von sich geben, welcher auch Liebe empfängt“ traf bei ihr keinesfalls zu. Es sei denn, man kann Liebe speichern. Ihre Mutter kannte ich nicht, aber vielleicht hatte sie so viel bekommen, dass sie die Liebe bis zu ihrem Tode weitergeben konnte. Ich selbst habe sie ja auch geliebt, aber vermutlich habe ich es ihr nie so richtig gezeigt, und vor allem nie gesagt, ja, nachher ist man immer schlauer.

Jedenfalls, wie kann es sein, dass so ein Mensch beerdigt wird, und niemand begleitet ihn in der letzten Stunde? Sind wir Behinderten wirklich so einsam, so alleine auf der Welt? Ich wischte mir die Tränen aus den Augen, für was oder für wen eigentlich und meine Füße schlurften am Boden, so als ob ich jedes eigene Blatt berühren müsste. Der Herbst zeigte sich schon früh, es war Ende September, und doch waren schon so viele Blätter von den Bäumen gefallen, vielleicht ein Zeichen, ein Mitgefühl der Natur, welche sie ja so liebte.

Mein Körper sträubte sich, meine Bewegungskoordination ließ sich bitten, ein Gefühl, welches ich schon lange nicht mehr kannte, denn in den letzten Monaten ging es mir körperlich ausgezeichnet. Kann es wirklich der Tatsache entsprechen, dass ein Körper sich aufgibt, wenn das Liebste einen verlässt? Gehört habe ich schon davon, dass sehr lang zusammenlebende Menschen, heutzutage ja schon eine Rarität, sollte der eine die Menschlichkeit verlassen, auch den Weg zu ihm sucht. Früher, denke ich, ich kenne es aber auch aus Erzählungen meiner Mutter, war es tatsächlich noch so: Hatten sich zwei Menschen das Jawort gegeben, dann hatte das Versprechen Gewicht. Ich denke nicht, dass der Glaube früher größer war, der einen durch die Worte „bis dass der Tod euch scheidet“ daran hinderte, sich scheiden zu lassen. Der Mensch muss zufriedener gewesen sein, anders kann ich mir das nicht erklären, weshalb es heutzutage so viele Trennungen gibt. Jeder glaubt, er kommt zu kurz, er versäumt etwas, wenn er 50, 60 Jahre mit demselben Partner zusammenlebt. Die Kinder sind halt die wirklich Leidtragenden, aber das interessiert im Scheidungsfall dann die wenigsten, da gilt nur mehr, weg von ihm oder ihr.

Meine Oma hatte einen Hund, der eigentlich noch nicht das Alter zum Sterben hatte, auch seine Gesundheit war aus medizinischer Sicht in Ordnung. Zehn Jahre waren die beiden unzertrennlich, er folgte ihr wirklich überall hin und hätte er damals eigene Entscheidungskraft gehabt, hätte er sich zu ihr ins Grab gelegt. An die Szene, wie wir alle am Grabe standen, kann ich mich noch genauestens erinnern. Bruno, so hieß der Schäferhund, legte sich an den Rand der Grube und winselte leise; er wusste genau, dass Oma da unten lag. Meine Mutter musste ihn nach der Zeremonie richtiggehend wegzerren, sie hatte meiner Oma versprochen, dass sie sich um ihn kümmern werde. Es hatte sicher nichts mit meiner Mutter zu tun, aber Bruno beschloss es einfach anders, er verweigerte die Nahrung und starb drei Wochen später. Sage mir noch einer, Tiere haben keine Seele beziehungsweise Gefühle, meist größere als so manche Menschen.

Gibt mein Körper jetzt auch auf oder ist der Weg zum Grabe meiner Liebsten so schwer, dass meine Beine nicht mitspielen? Gedanken, Überlegungen spielen da eine große Rolle; aber die hatte ich mir noch gar nicht gemacht. Ich wusste noch nicht, was ich nach dem Begräbnis machen sollte, wie es mit mir weiterging. Deswegen war der Weg zu der letzten Berührung mit Tina zwar schwer und müßig, aber was danach kam, war gänzlich unbeschreiblich; doch das war mir zu dem Zeitpunkt noch nicht bewusst. Vielleicht ein Glück, klingt jetzt dämlich, an dem Tag von Glück zu sprechen, aber hätte ich gewusst, was mich nachher erwartet, hätte ich den Weg durch die Allee bis zu dem schmiedeeisernen

Tor gar nicht geschafft. So hatte ich zwar meine Schwierigkeiten, aber es ging langsam voran und um mich von meinen Problemen der Motorik abzulenken. schweiften meine Gedanken währenddessen zu unseren letzten gemeinsamen Wochen zurück, wo ich bei Tina wohnte und ich mich um sie kümmerte.

Wie muss es für einen Menschen sein, wenn er genau weiß, der Tod kommt mit Riesenschritten? Kann man solche Gedanken aus seinem Hirn verbannen oder denkt man jede Sekunde daran. Ich weiß es nicht, komisch eigentlich, denn ich erlebte es hautnah mit. Stets versuchte ich, anhand ihrer Gesten oder in ihren Augen zu erkennen, ob ich ihr helfen könne, aber sie verrieten nichts. Immer und immer wieder fragte ich mich, ob ich mit ihr darüber sprechen solle, ich setzte mich auch oft neben sie, nahm ihre Hand und wollte das Gespräch beginnen, aber es kam nie dazu. Ich hatte das Gefühl, sie wusste genau, was ich vorhatte, drückte meine Hand so fest sie konnte, es wurde von Tag zu Tag schwächer, so als würde ein Akku zu Ende gehen, lehnte ihren Kopf auf meine Schulter und blieb so regungslos. Ein leises Räuspern meinerseits genügte, eben so, als würde ich zu sprechen beginnen, dass sie den Druck auf meine Hand erhöhte, so gut wie: Sag nichts, ich bin froh, dass du da bist, es ist das schönste Geschenk für mich und kein Wort kann dies aufwiegen.

Ich verstand es jedenfalls so und so schwieg ich. Wir saßen oft so stundenlang, manchmal dachte ich, die Erde drehe sich nicht mehr, oft erwachte ich aus meiner Trance und erschrak, sodass sie ebenfalls leicht zusammenzuckte, was genügte und mich beruhigte. Ich wusste, sie lebte noch, aber meistens saß ich nur da, genoss jede Minute mit ihr und versuchte stets, meine Tränen zurückzuhalten, in den wenigsten Fällen gelang es mir.

Die Tage bekamen ein System, bald wusste ich, wann und bei welchen Tätigkeiten sie Hilfe benötigte und, was ihr sehr wichtig war, welche Hausarbeiten oder auch persönlichen Dinge sie ohne jegliche Hilfe schaffen konnte.

Aber auch genau dieses System war schuld daran, dass wir beide wussten, wenn sie wieder einen Schritt näher dem Tod entgegenging. Oft nahm sie es gelassen hin, man könnte fast sagen, mit einem Lächeln, mehrmals zog sie sich zurück und wollte nur Einsamkeit, aber manchmal riss es mir ein Stück von meinem Herzen heraus, so weh tat es mir, wenn sie zu weinen, eigentlich zu schluchzen begann. Ich war in diesen Situationen so hilflos, ich wusste nicht, sollte ich sie jetzt in die Arme nehmen oder waren Worte die richtige Lösung. Meistens begann ich auch zu weinen und sprach sinnloses Zeug, aber der, der in diesen Lebenslagen richtig reagiert, der werfe den ersten Stein.

Dabei waren ja da die Hausarbeiten das geringste Problem, das waren meistens jene Situationen, wo sie eben fast lächelte, aber die persönlichen Dinge, ja die gingen unter die Haut. so oder so war ich der Einzige, der für sie da war, aber so hatte sie sich es ja auch gewünscht, aber irgendwie war ich auch ihr Geliebter, ihr Herzensmensch und da geniert man sich doch dann vielleicht mehr als zum Beispiel vor einer Krankenschwester oder seiner eigenen Mutter. Vielleicht hat sie ihre Lage auch falsch ein- geschätzt, aber trotz den vielen traurigen und weinenden Phasen hatte ich doch das Gefühl, dass sie es nie anders haben wollte, auch in den letzten Tagen nicht.

Sie war eine Frau, vielleicht für die Menschen da draußen, für die Regelmenschen also, keine attraktive, schöne Frau, doch für mich war sie das und das wollte sie mir auch bis zum letzten Atemzug zeigen, denn so fühlte sie sich, trotz aller Probleme, da war ich mir sicher. Und jetzt stelle man sich bitte vor: Sie wacht in der Früh auf, begibt sich in das Badezimmer und möchte sich ein wenig hübsch machen, da meine ich jetzt nicht übertriebenes Schminken, nein, eben die übliche Morgenwäsche und zum Beispiel ein dezentes Hervorheben der Augenlider oder Lippen, was sie auch in den ersten Tagen, wo ich bei ihr einzog, noch tat. An jenem Tage, wo es plötzlich nicht mehr möglich war, bemerkte ich es sehr spät, denn ich hörte sie weder schreien noch weinen; sie kam einfach nicht aus ihrem Zimmer. Bis ich die Geduld verlor, eben da unser System nicht mehr so wie immer war, und da sie mir auch nach mehrmaligen Klopfversuchen nicht öffnete.

Ich machte mir wirklich Sorgen und anfangs verstand ich auch nicht, warum sie mich nicht einfach holte. Als ich eintrat, saß sie bereits im Rollstuhl vor ihrem Waschbecken mit Spiegel, quasi seit meinem Dasein ihr Ersatzbadezimmer, das Gesicht mit den Händen verdeckt und ein leises Wimmern war hörbar. Ich war mal wieder in einen dieser hilflosen, vermutlich emotional überforderten Lagen, stand da wie bestellt und nicht abgeholt und wusste keinen Rat. Ich weiß nicht, ob sie nicht in dieser Situation mehr von mir erwartet hat, als nur blöde da zu stehen, jedenfalls schrie sie, also ihre Stimme war viel lauter als sonst, ich solle sie alleine lassen. Wie ein Schulbub saß ich vor ihrer Türe am nächstgelegenen Sessel und wartete, bis sie herauskam oder mir zu verstehen gab, ich könne zu ihr. Mir kam es endlos vor, keine Ahnung, ob es eine oder mehrere Stunden waren, jedenfalls als sie aus ihrem Zimmer kam, sah sie wie eine Squaw aus, die sich gerade für den Kriegseinsatz schminkte.

Tina hatte verschwommene und vonTränen verwischte Lidstriche und Lippenstift verteilt über das ganze Gesicht. Sie fuhr genau vor mich, präsentierte ihr Gesicht und winselte nur:

„Ab heute kann ich nicht mehr schön sein für dich!“ Als sie sich wieder beruhigt und ich ihr einigermaßen verständlich gemacht hatte, dass das nicht das Wichtigste für mich sei, erzählte sie mir von heute früh. Ihre Hände erlaubten die Koordination nicht, dass sie sich die Haare wusch, sie konnte das Shampoo nicht mehr aus ihren Haaren herausmassieren, eben so, wie sie es sonst immer tat. Zu meinem Entsetzen, jetzt nicht wegen dem Shampoo, sondern weil es mir gar nicht aufgefallen war, be- merkte ich bei ihrem Erzählen tatsächlich, dass ihre Haare noch voller Restschaum waren. Als sie dann auch ihre gekonnten Lidstriche nicht mehr hinkriegte, resignierte ihr Körper, sie sank in sich zusammen und winselte wie ein Hund, der eben sein Herrchen verloren hat, so ihre Worte.

Ab diesem Tag übernahm ich ihre erste persönliche Tätigkeit, eben die Morgenwäsche, das Schminken ließ sie ab diesem Tag ganz weg, vermutlich verlor sie dadurch einen Teil ihrer Weiblichkeit, aber wie gesagt, leider nur ein Tropfen auf dem heißen Stein, wenn man die nachfolgenden Tage betrachtet.

14

Ich war ja seit einigen Wochen stolzer Besitzer eines Handys, auch dank Tina, was für so viele, nein, eigentlich alle positiven Ereignisse galt, die sich in letzter Zeit ereigneten. Gut, den Besitz des Mobilfunktelefons möchte ich jetzt nicht unbedingt als positiv bezeichnen, auch wenn es für viele Leute ein undenkbares Szenario wäre, einen Tag ohne dieses elektronische Ding zu leben, aber es hat eben so seine Vorteile und das war bei mir die Kommunikation mit meiner Mutter, die es sonst vermutlich nicht gegeben hätte.

Mein damaliger Entschluss, zu Tina zu ziehen, war ja eine Blitzaktion, und für mich kam eigentlich gar nichts anderes in Frage, sie brauchte mich und ich war da. Meine Mutter wusste es, auch wenn es das erste Mal war, dass ich von zu Hause auszog. Vermutlich hätte sie sich auch nie gedacht, dass es überhaupt einmal zustande kommt, aber das würde ich ihr nicht mal übelnehmen, denn ich erwartete es selbst nicht. Tina hat eben mein Leben verändert, an der Tatsache führt nichts vorbei.

Aber seit meine Mutter alleine lebt, mein Vater starb ja kurz nach meinem Ausziehen, bitte da jetzt keine falschen Gedankengänge inszenieren, merkte ich doch, dass sie meine Nähe suchte, auch wenn es in diesem Fall nur über Telefon stattfand. Natürlich stellt sich da die Frage, warum sie nicht mal vorbeikam, nicht um sich nützlich zu machen, auch wenn es einerseits nicht geschadet hätte und andererseits sie es, wie eben alle Mütter, gerne getan hätte. Ist es nicht ganz normal, dass man seine große Liebe gerne seinen Eltern vorstellt?

Und bitte: Nicht dass jemand auf den Gedanken kommen könnte, ich habe es deswegen nicht getan, da ich mich vielleicht für sie genierte. Nie und nimmer, im Gegenteil, ich hatte noch nie so viel Selbstwertgefühl und Stolz. Das, was mir diese Frau bedeutete und vor allem gab, möchte ich gegen nichts in der Welt eintauschen. Ehrlich gesagt: Aber genau diese Gedanken tun umso mehr weh, denn was sollte ich tun, wenn Tina nicht mehr da wäre, und diese unglaubliche Vorstellung könnte jeden Augenblick Realität werden. So wie früher weiterleben, nein, nie und nimmer, in diese Welt der Geringschätzungen, Diskriminierungen und Erniedrigungen möchte und werde ich nicht mehr hinabsteigen. Ich befinde mich sicherlich nicht auf einem hohen Ross, dass ich von Herabsteigen sprechen darf, aber irgendwie ist es für mich, als würde ich mich in die Hölle begeben und die ist ja bekanntlich stets unten.

Also, welche Möglichkeiten habe ich noch? Gedanken, die mich quälen, welche mir auch schlaflose Nächte und das Starren in Luftlöcher während getaner Alltagsarbeiten bereitet hatten. Vielleicht versteht mich jetzt jemand, warum die Schritte vom Begräbnis weg, ja wohin eigentlich, die schwersten in meinem bisherigen kurzen Leben waren. Stelle man sich vor, man wacht auf und hat kein Ziel mehr vor Augen, keinen Grashalm, an dem man sich noch halten könne, keine Vision, welche man noch anstreben möchte. Ja, meine Mutter, sie ist die Einzige, die noch in meinem Leben existiert, aber sie ist eben doch auch nur meine Mutter und da stellt sich mir die Frage, ob das ausreicht. Kann sie mir die Kraft geben, die ich benötige? Eines ist gewiss, würde es sie nicht geben, hätte ich keinerlei Probleme, meine Zukunft zu gestalten.

Ja, noch einmal zu dem zurück, warum ich meine Mama nicht einmal fragte, ob sie vorbeikommen, ob sie Tina nicht kennenlernen möchte. Hätte Tina auch nur einmal ein Wort gesagt, ich wäre zum Telefon gelaufen und hätte Mutter telefonisch zu uns hergelotst, denn mit der Frage, ob sie gern herkommen möchte, hätte ich mich gar nicht aufgehalten, denn das wusste ich genau. Aber vielleicht hat Tina genau aus demselben Grund, aus welchem ich Mama selbst sie nicht gefragt habe oder das Thema mit Tina angeschnitten habe, nie etwas gesagt. Tinas Zustand, das Aussehen war es vielleicht gar nicht, aber ihr Wohlbefinden und ihre Ausstrahlung waren dem

Tiefpunkt, auch wenn ich nie geglaubt hätte, dass dieser Punkt so tief sein kann, sehr nahe. Sicher, das konnte man auch nur wissen, wenn man sie vorher kannte und Mutter wäre es sogar ganz egal gewesen. Hauptsache, sie hätte endlich jene Frau kennengelernt, die ihren Sohn so glücklich machte, aber ich verstand auch Tina und deswegen habe ich sie auch nie darum gebeten oder eben dieses Thema angesprochen. Oft hatte ich sogar das Gefühl, dass sie so weit war, dass sie sich vor mir genierte.

Ihre Wangen fielen immer mehr ein, ihre Augen kamen hervor, meist noch blutig unterlaufen, und das, was sie ausstrahlten, nahm einem oft den letzten Mut und die Tränen waren nicht zu unterbinden. Die Sprache wurde immer unverständlicher, ihre Gestikulation mit den Armen zumeist abstrus und unerklärlich, und aus dem allen resultierte eine Unruhe, die in ihr einen anderen Menschen erweckte, der meist keinen Lebenswillen mehr auf- brachte. Sie sprach es nie aus, aber oft dachte ich, jetzt meint sie es wieder, ihre Augen möchten es mir sagen, aber ihr Mund bringt diese Worte nicht zustande, ihr Geist war bis zum letzten Atemzug stärker - kein Wunder, wenn man ihre Lebenskraft und ihre Energie vor einigen Monaten noch kannte.

Seit diesen letzten Tagen kann ich vielen Menschen, die das Wort Euthanasie in den Mund nahmen, keinerlei Vorwurf mehr machen, meine Gedanken spielten sich ebenfalls sehr oft in dieser Sphäre ab und nur die Gedanken an meine Welt, die mich früher so oft retteten, holten mich wieder in die reale Welt zurück.

15

Es war ein Tag wie jeder andere, ich erledigte die üblichen, mittlerweile routinemäßigen Tätigkeiten, darunter auch wie bereits beschrieben, persönliche für Tina.

Nein, eigentlich war es nicht ein Tag wie jeder andere in der Woche, denn donnerstags, und jener Tag war einer, hatte ich meine wöchentliche Untersuchung im Spital. Jener Glückstag, wo ich meine Allerliebste das erste Mal erblickte, ja es klingt noch immer kitschig, aber es war Liebe auf den ersten Blick.

Tina begleitet mich ja seit einigen Wochen nicht mehr ins Spital, ich möchte jetzt nicht die bösen Worte „sie hat sich aufgegeben" laut aussprechen, aber im Grunde genommen, auch wenn es hart klingt, es ist die Realität. Überredungskünste, gutes Zureden und ein Betteln meinerseits, all das half nichts, sie hatte sich so entschlossen und da fuhr die Eisenbahn drüber. Normalerweise müsste ich der Erste, vielleicht der Einzige sein, der sie verstand, aber auch ich tat mich anfangs schwer, als der Funken Hoffnung noch in mir schwebte. Nach Tagen sah ich ein, dass sie sich so entschieden hatte und der Grund lag in ihrem innersten Kern. Sie hatte stets Lebensfreude und pure Lust an den Tag gelegt, also dachte ich: Sie muss es tatsächlich spüren, dass ihr nichts und niemand mehr helfen kann. Und das respektierte ich.

Natürlich bekamen die Ärzte mit, dass ich eine Beziehung zu ihr aufgebaut hatte und somit versuchten sie mich zu beeinflussen, dass ich mit ihr aber und abermals sprechen sollte. Anfangs tat ich es sogar, bis heute mir unbegreiflich, da ich nie ein Verständnis für die Anliegen der Ärzte aufbringen konnte – jetzt auf mich und meine Krankheit bezogen. Und was mache ich? Ich lasse mich wirklich von Menschen beeinflussen, die es vielleicht nicht böse meinen, aber unsere Probleme und unsere Sorgen nie verstanden, zumindest lernte ich nie so einen kennen. Ich selbst habe es oft an eigener Haut gespürt, wenn ich wieder neue Niederschläge erlitten habe, die mir überbracht worden sind wie die Lottozahlen von Sonntag. Vielleicht sollte ein Arzt solche Gespräche führen, der wie wir dieselbe Krankheit in sich trägt. Ich könnte mir vorstellen, dass dann vieles anders gelaufen wäre, denn die Basis wäre eine andere, solche Personen würden anders auf uns eingehen, aber das gibt es vielleicht in *meiner Welt*, nicht in jener, wo die Bezeichnung Außenseiter für Behinderte noch eine Trophäe wäre. Nach einiger Zeit bemerkte ich, dass niemand Tina wirklich noch zu irgendetwas anderem bewegen könne und ich entschuldigte mich auch damals bei ihr, dass ich den Boten der weißen Götter spielte, anstatt in meine Seele zu horchen und ihre Entscheidung zu respektieren. Obwohl sie also wusste, dass ich donnerstags stets das Haus gegen neun Uhr verließ, meinte sie plötzlich, absolut überraschend für mich, dass sie gerne nach draußen möchte. Der eigenartig geführte Dialog lief folgendermaßen ab: „Hannes, ich möchte in die Natur!“, rief sie mir in das Badezimmer zu. Da ihre Sprache in den letzten Wochen immer unverständlicher wurde und ich gerade das Wasser laufen ließ, hörte ich nur Wortsilben.

„Tina, ich versteh’ dich nicht, ich bin gleich bei dir“, antwortete ich somit. Sie fand sich mit der Antwort irgendwie gar nicht zurecht, eine Eigenschaft, die so gar nicht zu ihr passte.

„Icchhh möchteee rrraauusss!“ Es stockte mir der Atem, ich hatte sie noch nie schreien gehört. Ich drehte das Wasser ab, wischte mich trocken und öffnete die Türe. Gleich davor saß sie, Tränen in den Augen und schweißgebadet.

„Tina, was hast du, soll ich einen Arzt holen, soll ich dir ...?“

„Lass mich mit diesen Menschen in Ruhe, ich möchte raus in die Natur, bitte, bitte, tu mir den Gefallen!“.

Sie fing wieder zu weinen an, ihre Worte vermischten sich untereinander, aber ich verstand so viel, dass ich wusste, was sie meinte und ich wusste, dass es ihr sehr wichtig war. Ich hatte Angst, probierte, in sie hineinzuschauen, sie zu verstehen, aber wie so oft fehlte mir da das Feingefühl. Irgendetwas stimmte nicht, ich wusste in dieser Situation wirklich nicht, was ich machen sollte, denn hätte ich ohne ihr Einverständnis einen Krankenwagen bestellt, sie hätte ..., ich weiß, ehrlich gesagt, nicht was, aber ich hatte ein ungutes Gefühl. Ich probierte es nochmals mit Ruhe und sanfter Befragung.

„Tina, sag mir, wie ich dir helfen kann, bitte, ich sehe doch, dass irgendetwas mit dir nicht stimmt, Tina bitte, mach es mir nicht so schwer, du weißt, ich tue alles für dich und du weißt auch, dass ich dich liebe. Ich könnte ..." Sie unterbrach mich abermals.

„Würde ich dich nicht auch lieben, hätte ich dich in dieser schwierigen Lebenslage nicht zu mir geholt. Du bist der einzige Mensch, den ich noch habe und deswegen hilf mir, meine letzten Tage zu überstehen; du musst ..."

„Bitte sag so etwas nicht, bitte ..." Ich konnte mich nicht mehr beruhigen, kniete vor ihr nieder und legte meinen Kopf in ihren Schoß. Mein Körper erlebte eine innerliche Überschwemmung, die Tränendrüsen waren das Überdruckventil, aus dem es hinausplätscherte; ihre Hose war nach kürzester Zeit feucht. Ihre Hände fuhren durch mein Haar, dann suchte sie meine Hand und versuchte, sie so fest wie möglich zu drücken, ich denke, ein dreijähriges Kind hat mehr Kraft als sie.

„Hannes, bring mich bitte zu unserer Bank. Ich bitte dich darum, da ich es alleine nicht schaffe. Komm, lass uns gehen." Ihre Stimme wurde immer leiser, der Handdruck glich einem Berühren und irgendwie versuchte sie, mich aufzurichten, was sich aber nur erahnen ließ. Schluchzend stand ich auf; ich fühlte, dass sich mein Körper gegen all das widerstrebte, ich nickte ihr zu und versuchte, so schnell wie möglich in mein Zimmer zu kommen. Meine Muskeln begannen, wie wild zu zucken, ich verlor die Kontrolle über meinen Körper. Ich wusste, dass ein epileptischer Anfall drohte.

Epileptische Anfälle können sehr unterschiedlich ausfallen. Etwa zwei Drittel der Anfälle entstehen an einem umschriebenen Ort im Gehirn und werden deshalb als *fokale Anfälle* bezeichnet. Häufig handelt es sich hierbei um symptomatische Epilepsien. Die Anfallssymptome hängen von der Funktion der betroffenen Hirnregion ab. So kann ein fokaler Anfall mit einem einseitigen Zucken einer Gesichtshälfte, eines Armes oder Beines mit oder ohne eine Bewusstseinsstörung einhergehen.

Bei etwa einem Drittel aller Anfälle erfasst die epileptische Aktivität beide Hirnhälften gleichzeitig. Diese Anfälle werden als *generalisierte Anfälle* bezeichnet und zeichnen sich in den meisten Fällen durch eine Bewusstlosigkeit mit Sturzfolge, einer Verkrampfung sowie rhythmischen Zuckungen der Arme und Beine mit einem anschließenden Erschöpfungszustand aus.

Es war zum Glück nur ein fokaler Anfall und eine Bewusstseinsstörung blieb mir ebenfalls erspart. Ich fand bald wieder zu meinen üblichen Kräften und mein Körper horchte wieder auf mein Zerebrum. Schön, wieder da zu sein, dachte ich mir stets, wenn Seele und Gehirn sich wieder eins waren.

Eine halbe Stunde später befanden wir uns im Aufzug, ein kleines Stoßgebet zu, ja zu wem eigentlich, egal, ich dankte, dass der Aufzug keinen Defekt hatte. Denn da wären wir gefangen gewesen, Tina über die Stufen nach unten zu bringen: ein Ding der Unmöglichkeit. Es war ein Spaziergang ohne Worte, Tina saß in ihrem Rollstuhl und beobachtete die Umwelt, so als wäre sie zum ersten Mal in dieser Welt. Mir kam sie eigenartig vor, dachte mir aber, dass sie in letzter Zeit doch wenig nach draußen kam und es daher besonders genoss, denn die Natur war ihr stets ein besonderes Anliegen. Ich war in einem körperlich guten Zustand und so meisterten wir die Strecke fast ohne Atempausen, meinen vorherigen Anfall hatte ich gut weggesteckt. Auch wenn ein epileptischer Anfall bei uns beiden ein fast alltägliches Szenario war, so als würde ein kleiner Hosenscheißer seine Dinge vollbringen und Mama oder Papa müssten den Schreihals von seiner schmierenden stinkenden Qual befreien, war ich doch froh, wenn Tina es nicht ganz nah miterlebte.

Oft kommt es überraschend und ich habe keine Möglichkeit mehr, mich zurückzuziehen, aber wenn möglich ziehe ich doch die Einsamkeit vor. Interessant auch die Blicke der Personen, welche uns auf der Straße begegnen. Man fühlt sich meist so, als würde man gebrandmarkt sein, als hätte man ein Schild um: He, seht her, wir beide sind behindert, Achtung Ansteckungsgefahr. Man empfindet es so, als ob man nicht auf diese Welt gehört, als zweitklassig, einfach ausgedrückt. Geht es anderen- Menschen, die eben nicht so sind wie die Vielzahl der hier lebenden, ähnlich, oder wie muss es den Juden während der Nazizeit ergangen sein, wenn sie sich in der Öffentlichkeit befanden? Nur, damals hat man ihnen tat- sächlich dieses eben erwähnte Schild umgehängt: „Seht her, ich bin ein Jude!", eben in Form eines Sternes, aber wo ist da der Unterschied. Bei den Schwarzafrikanern ist es ja einfacher, bei denen erspart man sich das Schild, da kann gleich jeder mit den Finger auf sie zeigen. Wo führt das alles hin? Vermutlich werde ich es nicht mehr miterleben, und Kinder habe ich auch keine, um die ich mir wirklich ernsthafte Sorgen machen muss, aber traurig und beschämend ist es doch für unsere Gesellschaft. Stelle man sich nur noch eine Steigerung vor, wie zum Bei- spiel ein schwarzer Jude und ein behinderter Schwarzer, was passiert mit denen? Am besten wegsperren, oder?

Unser Plätzchen war menschenleer, vermutlich wäre es auch geworden, nachdem wir angekommen sind, viele umsorgte Elternteile glauben immer noch, dass wir eine ansteckende Krankheit besitzen.

„Lass mich hier ein wenig sitzen, Hannes, du kannst gerne ein wenig herumspazieren", waren die ersten Worte von Tina, seit wir von zu Hause weggegangen waren. Es war ein eigenartiges Wetter, die Sonne verlor Stunde um Stunde den Kampf gegen die Wolken, die Kraft war dennoch zu spüren, was sich auch in der Temperatur niederschlug; es war heiß und schwül.

„Ich hole mir ein Eis, möchtest du auch eines?"

„Nein danke, aber geh nur, du brauchst dir keine Sorgen um mich zu machen."

„Bin gleich wieder da." Ich strich ihr noch einmal durch die Haare und machte mich auf den Weg durch die kleine Parklandschaft, danach noch kurz über die Straße und dort war ein kleiner Kreislerladen, der auch Eis in seinem

Sortiment führte. Im Prinzip hatte ich stets Blick auf unser kleines Paradies; welches wir früher so oft besuchten, wo wir stundenlang Hand in Hand saßen und die Naturlandschaft und vor allem die Ruhe genossen.

Wie immer stand die alte Frau, ich denke sie ist auch die Ladenbesitzerin, hinter dem alten Verkaufsstand. Ein Geschäft, welches, wie so viele in dieser Art, mit den Besitzern sterben wird. Die Kinder, wenn Nachkommen vorhanden, wollen das Geschäft nicht mehr übernehmen, sie haben andere Interessen, oder sie wollen sich die Arbeit nicht mehr antun. Irgendwie ist es ihnen nicht zu verdenken, täglich hier im Laden stehen, stets die verlorene Preisschlacht gegen die Multikonzerne, ein Groschengeschäft, also halt Centgeschäft, was der heutigen Jugend zu langsam geht, und reich wird man ja bekanntlich durchs Arbeiten nicht, und hier ist eben noch Arbeit gefragt.

Eigentlich dürfte ich ja auch kein Eis essen, der Zucker ist nicht wirklich das Beste für meinen Körper, aber hat nicht so jeder seine Schwächen? Wie sagte stets mein Opa, wenn man ihm mal wieder seine Zigarre verbieten wollte: „Ich möchte ja nicht gesund sterben!“

Als ich aus dem Kreislerladen herauskam, war mein erster Blick zu Tina, kurz hielt ich inne, glücklicherweise hatte ich das Eis noch nicht in den Mund gesteckt, hätte vermutlich vor Schreck abgebissen: Tina war nicht mehr in ihrem Rollstuhl.

16

Wenn Gedanken eine Schwerkraft besäßen, dann würde ich es noch verstehen, warum meine Beine so schwer sind. Mühsam schleppe ich mich durch die noch immer menschenleere Alleestraße; sogar der Gärtner hat die aufreibende, ergebnislose Arbeit beendet und sich hoffentlich sinnvollerer Beschäftigung gewidmet.

Gleich nach dem Eingang des Friedhofsbereiches ist rechter Hand ein kleines Häuschen, welches so eine Art Anmeldung ist, vermutlich heißt es ja im Fachjargon anders. Die Verbrennung fand ja bereits gestern ohne jegliche Zeremonie statt – die heutige Beisetzung ein einziges Trauerspiel. Stellt euch vor: Einer der sozialsten, liebe- vollsten und verständnisvollsten Menschen hat heute sein Begräbnis und keiner geht hin!

Ungefähr so könnte man es in einer Zeitung titulieren, wenn es eine drucken würde; allerdings: Hätte eine Tageszeitung dies berichtet, wäre ich ja nicht alleine, denn da könnte sich ja der eine oder andere wichtige Mensch einfinden und somit wären die Parasiten und Schmarotzer schon anwesend, wie es eben so ist bei den Begräbnissen der Personen, die Bekanntheitsgrad aufweisen. Vielleicht ist es jetzt ein wenig bösartig, aber irgendwie kann ich es bei solchen letzten Verabschiedungen nicht glauben, dass plötzlich so viele Politiker, Promis und Society, oder wie sie sonst noch heißen, die Person so gut gekannt haben oder gar geliebt haben, dass sie unbedingt anwesend sein müssen.

Ich habe mit Tina nie über Geld gesprochen, des Weiteren habe ich auch nie mit ihr über Begräbniskosten und dergleichen geredet. Aber das Prozedere hat sich in Gang gesetzt; mit dem Amtsarzt, welcher den Tod feststellte, hat es begonnen, mit dem Bestatter endete es, dazwischen habe ich die notwendigen Informationen über Art des Begräbnisses, die Liegestätte und weitere Betreuung erfahren.

Natürlich ist dies alles das Unwichtigste auf der Welt, keiner will darüber sprechen und sich damit befassen, jedoch wenn es soweit ist, muss man es; es blieb auch mir nicht erspart. Ihre Mutter hat da Gott sei Dank, nennen wir es lieber glücklicherweise, auch wenn sich diese Wortwahl bei diesem Thema unpassend anhört, alles vor ihrem Ableben in die Wege geleitet; die beiden Urnen sollen sich im selben Grab befinden, die Kosten sind für die weiteren zehn Jahre gedeckt.

Der Weg von der Aufbewahrungshalle bis zum Grabe war nur ein kurzer, ich denke es war ein Weg, der so in etwa zehn Minuten Zeit in Anspruch nahm. Die Aushebung des Grabes war schon vorbereitet, die Grabrede vermutlich ein Standard, da ich mich selbst in keinster Weise bei der gesamten Zeremonie einbrachte. Ich kann jetzt nicht einmal sagen, welche Worte der Geistliche sprach, denn ich war nur körperlich anwesend. Mir war plötzlich kalt, Schweiß rann mir von der Stirn, unterhalb der Tränensäcke vermischte er sich mit Tränen und verschwand in der Kragengegend.

Ich hatte plötzlich das Gefühl, dass ich in dieser Welt keinen Platz mehr hatte. Beschämend, in solch einem Moment an sich zu denken. Vielleicht gibt es Personen, die Gedanken steuern können. Wäre dies bei mir der Fall, würde ich sie jetzt so lenken, dass ich an die schönsten Momente, die ich gemeinsam mit Tina verbrachte, denken würde, aber nein, ich denke über mich nach, verdammter Egoist. In den letzten Wochen, nein sogar Monaten, könnte man sagen, habe ich keinen einzigen Gedanken daran verschwendet, was sein wird, wenn Tina nicht mehr da ist. Auch nach ihrem Tode, ja sogar am Wege zu ihrem Begräbnis hatte ich diese Gedanken nicht, denn genau da dachte ich noch an unsere gemeinsamen letzten Tage und Wochen zurück und akkurat zum Zeitpunkt der Bestattung gelingt es mir nicht. War meine Liebe nur Einbildung?

Wie weiß man eigentlich, dass man einen Menschen wirklich liebt, wenn man zuvor dieses Gefühl noch nicht hatte, ja nicht einmal kannte? Das Schattenbild von Liebe, wenn man den Hass so bezeichnen kann, hatte ich leider schon in meiner Kindheit entwickelt. Ich erlebte so viele Angriffe, verbal und körperlich, gegen mich, und da entsteht dann schon, vor allem wenn man sich fast nicht dagegen wehren kann, ein Hassgefühl gegen diese Personen. Liebe kannte ich nur in Form der Mutterliebe, aber wahre Freundschaften unter Geschlechtsgenossen, die ja auch eine Form der Liebe darstellen, und dann eben in weiterer Folge die Liebe junger Menschen, die ersten Erfahrungen und Enttäuschungen, ja das blieb mir alles verwehrt, bis ich eben Tina kennenlernte.

Nein, das kann doch nur Liebe sein, Tina vermisse ich so sehr, und es schmerzt von Minute zu Minute mehr, wie soll ich das nur ertragen? So lange habe ich es schon gewusst, dass irgendeinmal der Zeitpunkt kommen wird, und wenn er dann da ist, möchte man es einfach nicht glauben. Tina wusste stets, was sie wollte und sie wusste sogar: Heute ist der Tag gekommen, nun verabschiede ich mich von dieser Welt. Wieso hat sie es mir nicht mitgeteilt, warum hat sie den Tag fast normal ablaufen lassen? Nun, eigentlich hätte ich mir da so meine Gedanken machen können, denn all die Wochen vorher wollte sie auch nie hinaus, unser gemeinsames Plätzchen ist ihr in all den Tagen nie in den Sinn gekommen. Also da muss ich mich schon selbst an der Nase nehmen. Sie gab mir einen Wink, aber ich habe ihn nicht verstanden, ich kannte sie zu wenig, ich habe diese Gabe nicht, mich in andere Menschen hineinzuversetzen; ich kann einfach nicht erahnen, was andere Mitmenschen, engste Personen fühlen, wenn sie es nicht aussprechen.

Je mehr ich nachdenke, umso mehr bekomme ich Angst, sie wirklich zu wenig geliebt zu haben, und gesagt habe ich es ihr fast nie. Wenn ich es ihr wenigstens in der letzten Minute, bei ihrem letzten Atemzug noch hätte sagen können, aber nein, ich musste mir ja dieses verdammte Eis holen. Genau das ist der Punkt, wo ich meine Schuld, meine Probleme der Liebe sehe, ich hätte wissen müssen, erahnen müssen., dass das ihre letzten Minuten sein werden und ich hätte bei ihr bleiben müssen.

Natürlich hätte sie es mir auch sagen können: Bitte hol dir jetzt kein Eis, bleib bei mir, ich glaube ich werde sterben, aber das war eben nicht Tina. Im umgekehrten Fall wäre es eine Selbstverständlichkeit gewesen, Tina hätte es erahnt und gefühlt und hätte mich keine Sekunde mehr aus den Augen gelassen.

Nun steh' ich hier an ihrem Grab, seh' in dieses verdammte Loch und sehne sie mir herbei. Könnte ich nur diese Zeit zurückdrehen, ich würde so viel anders machen. Diese kleinen Problemchen, die eigentlich nicht einmal erwähnenswert gewesen waren, aber trotzdem diskutiert wurden, was hätte ich ihr da an dieser Stelle alles Liebes und Nettes sagen können. Wieso habe ich sie nicht öfter in die Arme genommen, sooft nahm ich es mir vor, wenn ich kurz davor war, sie zu treffen. Heute werde ich sie fest umarmen, sie an mich drücken und vielleicht sogar küssen! Was tat ich, wenn ich ihr gegenüber stand?

„Hallo Tina, wie geht es dir?“, war schon eine meiner besten Eröffnungsreden. Die Hand gab ich ihr meistens. Wie beschämend und traurig!

Meine Tränen gewannen in diesen Sekunden eindeutig gegen die Schweißtropfen, und zwar um Längen.

„Tiiinnnaaa, bitte verzeih mir!“, schrie ich plötzlich heulend in das Grab hinein. Es muss überraschend und auch laut gewesen sein, denn den Geistlichen ließ es zusammenzucken. Ich sackte auf die Knie und überlegte kurzzeitig, ob ich mich nicht gleich zu ihr legen sollte, unterließ es dann aber wegen der Sinnlosigkeit; die paar anwesenden Menschen hätten es nicht zugelassen. Ich er- hob mich wieder, versuchte, mir den Dreck von den Hosenbeinen abzuwischen, zwecklos, danach waren meine Hände ebenso voll damit.

Mit schweren Schritten und gesenktem Kopf, wie wenn Blei darin wäre, schritt ich ohne Ziel und Hoffnung Richtung großes, schmiedeeisernes Tor. Plötzlich kamen mir wieder die Gedanken der letzten Minuten, die ich mit Tina gemeinsam verbracht hatte. Anscheinend konnte ich diesen, meiner Meinung nach, schwerwiegenden Fehler, sie nicht ausreichend in den Tod begleitet zu haben, nicht verarbeiten. Immer wieder und wieder sah ich diesen Augenblick, wie ich aus dem Kreislerladen herauskam und den leeren Rollstuhl vor mir sah.

17

Dass ich das Eis in diesen Moment habe fallen lassen, be- merkte ich erst, ja weiß ich eigentlich nicht, jedenfalls hatte ich es nicht mehr bei mir, als ich neben ihr kniete.

War sie aus dem Rollstuhl gefallen, hatte sie jemand gestoßen, und was in der Zeit, die ich zu ihr brauchte, mir nicht sonst noch durch den Kopf ging. Immer wie- der schrie ich so laut ich konnte ihren Namen, sämtliche in der Nähe befindlichen Personen drehten sich nach mir um, aber von ihr hörte ich nichts. Als ich endlich die Straße überquert hatte, ein PKW bremste quietschend und der Fahrer beschimpfte mich auf das Ärgste, sah ich sie liegen. Zuerst erschien es mir eigenartig, denn sie lag etwa zehn bis fünfzehn Meter von ihrem Rollstuhl entfernt.

Als alles vorbei war, erschien es mir logisch; sie wollte es so. Da ich sie in das Gras schob, wo der Hügel leicht abschüssig war, konnte sie aus eigener Kraft nicht mehr den Rollstuhl zu unserer Bank schieben. Sie musste gefühlt haben, jetzt war ihre Zeit gekommen und so versuchte sie, sich robbend dorthin zu bewegen. Was muss ihr dieses gemeinsame Zusammensitzen dort bedeutet haben, wenn sie sich diesen Platz zum Sterben ausgesucht hat, und dann hat sie es nicht einmal mehr geschafft! Oft frage ich mich, ob es mir auch so viel bedeutet hat, oder kann man sich da mit einer Frau nicht messen. Andererseits, kann ich es nicht selbst sein? Jedes Mal, wenn ich an diese Momente denke, könnte ich mir die Fäuste in die Magengrube schlagen, so einen Zorn bekomme ich auf mich selbst. Wieso hat sie mir nichts gesagt, warum bin ich nur so gefühlsarm und konnte sie nicht verstehen?

Ich hatte das Gefühl, dass sie sich noch bewegte, ich lief,

naja ebenso gut und schnell ich konnte, zu ihr hin und kniete neben ihr. Sie lag auf dem Bauch, die Anstrengung musste enorm gewesen sein, sie war vollkommen durchnässt. Auf ihrem Gesicht hatte sie ein Lächeln, ich erwiderte es oder versuchte es zumindest; wie es tatsächlich aussah, kann ich nicht sagen. Sie bemerkte es je- doch eh nicht mehr, nur ich wollte es einfach nicht glauben. Ich kniete neben ihr und begann zu winseln, was aber immer lauter wurde, schließlich und endlich endete es in einem Schreien nach Hilfe. Es musste sich folgendermaßen angehört haben:

„Tina, bitte verlass mich nicht!“

„Tina, sag doch etwas, Tina bitte!“, so winselte ich neben ihr und begann, sie zu schütteln. Als sie da nicht reagierte, fing ich an, um Hilfe zu schreien. Vermutlich habe ich erstens sehr undeutlich gesprochen und zweitens eigenartig gestikuliert, anders konnte ich mir im Nachhinein die Reaktionen der Menschen nicht erklären. Mir war schon klar und ich hatte es zu zigtausenden Malen erlebt, dass Behinderte, wenn sie sich laut äußern, meistens nur ein Wegdrehen oder Kopfschütteln als Antwort bekommen. Aber wir waren doch nicht betrunken, haben doch nicht herumgejuxt, man müsste doch bemerkt haben, dass ich Hilfe benötigte, auch wenn ich behindert bin. Hat niemand Tina bemerkt, wie sie versuchte, sich vom Rollstuhl zu der Bank zu schleifen, oh doch, aber diese Gesellschaft ist zum Schämen. Sie besteht zu großen Teilen aus unsozialen, egoistisch denkenden Menschen. Hin- sehen ja, Hinzeigen ja, aber danach Wegdrehen und Kopfschütteln, das ist so in dieser Welt, in *meiner* hätte es das nicht gegeben.

Jedenfalls entwickelte ich Kräfte, die unglaublich erscheinen, wie in Trance musste ich gehandelt haben, ich kann mich an keine Einzelheiten mehr erinnern. Als der Rettungswagen kam, saß ich schweißgebadet, zusammen- gekauert und heulend wie ein hilfloses Etwas am Wiesenrand, neben mir liegend Tina.

Als mir niemand half, schrie ich immer lauter, begann, die Leute zu beschimpfen und verfluchte die gesamte Welt; vermutlich hat das irgendeinen besorgten Bürger dazu bewogen, die Polizei zu holen. Vielleicht war es auch ein Engel und er hat zugleich auch den Krankenwagen geholt, jedenfalls kamen beide Blaulichtorganisationen zu Tina und mir gelaufen. In meiner Unbeholfenheit hatte ich sie an die hundert Meter Richtung Straße gezerrt, die Schleifspur war im Nachhinein noch deutlich erkennbar.

Irgendwann dürften mich dann doch die Kräfte verlassen haben und ich sank neben ihr zu Boden, wie lange ich dann dort gesessen habe und wie lange es dauerte, bis die Rettungskräfte eintrafen – keine Ahnung. Ich wusste noch, dass einmal während meines Kraftaktes jemand zu mir kam und mich beruhigen wollte. Vermutlich hat er erkannt, dass Tina schon tot war, womöglich war es auch dieser Engel, der mir dann die Einsatzkräfte alarmierte, ich sah ihn jedenfalls nachher nicht mehr.

Aber eigentlich weiß ich gar nicht mehr so genau, was sich alles noch nachher ereignete. Ich saß eine Zeit lang in einem Polizeiauto. Da ich ständig zu Tina wollte und fragte, wie es denn ihr ginge, haben mich dann zwei Uniformierte in einen Krankenwagen gebracht, jedoch nicht zu Tina. Ich begann wieder zu schreien und gestikulieren, ich denke eine Spritze hat mich dann für längere Zeit in Abwesenheit versetzt. Irgendwann war plötzlich meine Mutter neben mir, zuerst dachte ich, ich träume, aber das war schon so. Wir Behinderte müssen ja ständig unsere gesamten Krankendaten und Personendaten in Form eines Chips bei uns tragen, denke mal, dass sie so zu meiner Mutter gelangt sind, aber das nur nebenbei.

Eigentlich ist jetzt alles nur noch nebenbei, der einzige Mensch, der mir jemals etwas bedeutet hat, ist nicht mehr unter uns, besser nicht mehr bei mir, denn unter „unter uns“ versteh’ ich etwas anderes als die meisten der Anwesenden. Was mache ich jetzt, was mache ich morgen, warum überhaupt ein Morgen, ja das waren nun meine Gedanken, wenn nicht Sorgen.

18

Seit dem Begräbnis sind drei Tage vergangen, heute Morgen stehe ich vor dem Haus, wo ich meine Kindheit verbracht habe. Die letzten Tage habe ich nur in der Wohnung von Tina verbracht, ich bin keine Minute aus dem Hause gegangen. Auch sämtliche Anrufe, eigentlich waren es stets Anrufe meiner Mutter, hab ich ignoriert.

Ok, einen nach vielen, habe ich kurz beantwortet, mit dem Hintergedanken, dass sie aufgrund ihrer Sorge um mich plötzlich vor meiner Wohnungstüre stehen könnte. Eigentlich ist es ja immer noch die Türe von Tina, ihr gehört die Wohnung immer noch. Wie gesagt, wir haben nie über solche Dinge gesprochen, und somit ist sie nach wie vor die Besitzerin dieser Eigentumswohnung, ich bin ein geduldeter Mitbewohner, wie es oft so schön heißt. Aber wo kein Kläger, dort kein Richter; da es niemanden gibt, der Ansprüche stellt – also bis dato hat sich noch niemand gemeldet – werde ich wohl hier bleiben können.

Das Thema der möglichen Erbschaft und Hinterlassenschaft habe ich mir noch nicht durch den Kopf gehen lassen, wäre im Moment auch nicht möglich, denn zur- zeit schwirrt nur Tina und: Was mache ich nun? durch meine Gehirngänge. Aber wie soll es auch anders sein, egal wo ich hingehe, was ich öffne oder wohin ich schaue, nur Tina, Tina und nochmals Tina. Die meiste Zeit seit der Beerdigung habe ich im Bett mit Weinen, Schluchzen, Winseln und Trauern verbracht, oft alles gleichzeitig, aber zumindest stets eines dieser Seelenverfassungen. Überall riecht es nach ihr, sogar auf dem Klosett, wo ja wirklich andere Düfte den Raum beherrschen sollten, riecht es nach ihr. Egal welche Kommode oder welchen Schrank ich öffne, stets kommt mir Tina in den Sinn.

Setze ich mich an den Computer, was passiert? Der

Desktop-Hintergrund ist eine Momentaufgabe meiner einzig Geliebten. Ja, sogar wenn ich das Handy in die Hand nehme, ich bin ja seit ein paar Monaten stolzer Besitzer eines solchen, muss ich an sie denken. Erstens hat sie es mir geschenkt, zweitens hätte ich es ohne ihren Willen nicht behalten, da ich doch stets Gegner einer solchen Erfindung war, und drittens überkommt es mich ganz schlimm, wenn ich die Option „empfangene SMS" öffne.

Tina hat mir nicht viele Kurznachrichten gesendet, aber als ich sie gestern alle las, kamen mir große Emotionen hoch. Komisch, so eine geschrieben SMS ist ja wie jede andere Kurznachricht, alle haben die gleiche Schriftgröße und denselben Schriftartentyp, aber wenn ich ihre lese, so kommt es mir vor, als hätte sie es mit der Hand selbst in das Handy geschrieben.

Als ich es nach diesen Tagen nicht mehr zu Hause aushielt, ich musste einfach raus, um mich abzulenken, vielleicht Tina für Momente vergessen, fiel mir nur eine Adresse ein, wo ich hinkönne und dort stehe ich jetzt und traue mich nicht so recht nach oben.

Die letzten Monate habe ich meine Mutter schwer vernachlässigt, gesehen habe ich sie so gut wie kaum, Telefonate habe ich sporadisch geführt, die dann aber sehr kurz und gedankenlos geführt wurden. Mir war es vor Tina eigentlich nie ganz bewusst, jedoch seit ihrem Tode ist es gewiss: Meine Mutter ist die Einzige, die ich noch habe und die mir auch etwas bedeutet. Fragen, die mich seit Tagen quälen, Antworten hab ich bis dato noch keine gefunden, ich vermute und befürchte zugleich, dass es sie auch nicht geben wird. Wird sie erwarten, dass ich wieder zu ihr ziehe? Was möchte ich eigentlich?

Ich nahm mich selbst an der Hand und führte mich vor die Türe meiner einstigen Wohnstätte, ich klingelte, obwohl ich noch immer einen Schlüssel hatte, vielleicht der erste klare Beweis, dass ich hier nicht mehr zu Hause war. Mama öffnete mir und war weder enttäuscht noch in irgendeiner Art und Weise böse; sie war eben Mama, schloss mich in ihre Arme und drückte mich eine ganze Weile, Freudentränen – denke, es waren solche – kullerten über ihre Wangen. Sie sprach über Alltägliches, bewusst ließ sie die Themen Tina und meine Zukunft aus.

Einerseits war es mir natürlich recht, ich saß in der Küchenecke, wo ich früher auch immer meinen Platz hatte, trank meinen kalten Kakao und beobachtete ihr Treiben in der Küche. Ich liebte es, dort zu sitzen und Mutter zu beobachten. Andere Kinder möchten vielleicht, wenn sie in die Jahre kommen, ihrer Mutter helfen, da bei mir aber stets alles anders war und ich ihr aufgrund meiner fehlenden Motorik nicht helfen konnte, verbrachte ich diese Zeit, in der wir Kinder bei unseren Eltern sein mögen, eben so.

Andererseits hätte ich aber auch gerne diese heiklen Themen besprochen, aber verlange ich nicht da zu viel von ihr? Ich möchte, dass mir andere meine Entscheidung abnehmen. Jahrelang habe ich mich dagegen gewehrt, dass Ärzte, Psychologen und Pädagogen mit mir machen, was sie für richtig halten, ohne mich auch nur einmal vorher zu fragen. Sooft hab ich mir eigene Entscheidungskraft gewünscht. Und nun habe ich sie und verlange von anderen, dass sie sie anwenden, oh wie ungerecht der Mensch manchmal sein kann.

Ich saß auf der Küchenbank, eine Eckbank, die in der kleinen Küche stets ein Wunsch meiner Mutter war, da verzichtete sie lieber auf einen Geschirrspüler und ein bis zwei Kästchen, nur dass diese Eckbank mit kleinem Tisch Platz fand. Vermutlich genoss sie es genauso wie ich, eben unsere tägliche Gemeinsamkeit, anders hätten wir vielleicht nicht zu uns gefunden. Sie kochte eben für ihr Leben gern, es nimmt nun mal sehr viel Zeit in Anspruch und so haben wir unseren Berührungspunkt dort gefunden.

Ich nippte an meinem Kakao und stellte mit Entsetzen fest: Irgendetwas ist anders als früher. Ich versuchte zu ergründen, was es war, denn auf den ersten Blick war alles so wie früher, vielleicht mit dem kleinen Unterschied, dass Vater mit seinem Bier nicht im Wohnzimmer saß. Zuerst dachte ich, dass es eventuell mit einer Mobiliarveränderung zu tun hat. Oder hat sich Mutter irgendwie verändert? Nein, es war alles beim Alten. Mutters Worte drangen nicht mehr ganz zu mir durch, zu viel beschäftigte mich dieser Umstand und dann war es mir bewusst, die Gedanken waren frei. Die Schnur war end- gültig unterbunden, diese große Nähe, die Kinder mit ihren Müttern verbindet, die imaginäre Nabelschnur, war zwischen Mama und mir für alle Zeit durchschnitten, auch wenn es bei mir länger als bei den meisten gedauert hat. Aber vielleicht auch verständlich, wenn man sonst niemanden auf der Welt hat.

Ich habe zwar jetzt genauso niemanden mehr, aber trotzdem ist es anders und Fakt ist, ich bin hier nicht mehr zu Hause. Ich habe mein eigenes Leben und besuche Mama, esse und trinke bei ihr, verabschiede mich danach und jeder geht seine eigenen Wege. Auch wenn ich nicht weiß, wie meine aussehen werden und ob es die richtigen sind, aber ich muss sie alleine gehen.

Nach dem Verlassen der Wohnung glaubte ich auch zu wissen, warum Mutter diese Themen nicht ansprach, sie wusste es bereits und deshalb sprach sie es nicht an, sie war und wird immer ein Engel bleiben. Ich blieb eine lange Zeit bei ihr und ich dankte Gott, tatsächlich dankte ich jemandem, von dem ich glaube, dass es ihn gar nicht gibt, dass Mutter noch da ist. Auch beim Gehen verlor sie kein Wort, ob ich vielleicht wieder hier wohnen oder es mir eventuell überlegen möchte. Sie gab mir einen Kuss auf die Wange und mit einem Lächeln drehte sie sich um und verschwand hinter der Türe. Ob sie wohl weint, wenn ich weg bin, überlegte ich kurz.

Ich verließ das Wohnhaus, trat auf die Straße hinaus und wusste nicht, was mit mir nun passiert. Soll ich nun nach Hause gehen, wieder diese Erinnerungen an Tina auffrischen, andererseits, wo soll ich sonst hingehen? Wieder zurück zu Mama? Nein, diesen Gedanken musste ich schnell verwerfen. Ich entschied mich mal für links, obwohl rechts der Weg zu meiner Wohnung gewesen wäre. Schritt für Schritt ging ich und die Gedanken zerrissen mich, das Gute, aber auch das Böse sprachen auf mich ein, mein Gewissen hatte zu kämpfen.

Welche Aufgaben und Pflichten, welchen Sinn, welche Daseinsberechtigung hab' ich noch auf dieser Welt? Irgendwie tat ich mich schwer, mich, so wie ich es früher bei solchen Hirngespinsten und Trugbildern getan hatte, in *meine Welt* zu versetzen. Damals zog ich mich in einsame Bereiche zurück und träumte eben von einer Welt, wo ich, nein alle Menschen dieser Erde Gleichberechtigungsstatus besitzen; diesmal gelang es mir nicht, meine Gedanken schafften es nicht, in diese Erdichtungen und Fantasiegebilde zu entweichen.

Ich achtete nicht auf die Zeit, trotz schwerfüßigem Gang und meiner Behinderung schaffte ich es ein wenig ins Grüne, raus aus der Stadt.

Nun spaziere ich durch beeindruckende Naturlandschaften, manchmal nur an einfachen Wiesen vorbei, sehe Blumen blühen und Bienen ihre Arbeit verrichten, aber trotzdem bin ich schlecht drauf, trotz allem finde ich nicht die Lust am Leben.

Aber komischerweise gibt es wiederum kurze Momente, wo ich an Wiesenrändern sitze, neben mir verwelken gerade Blumen, sie haben anscheinend das Ihrige getan, tote Ameisen und Käfer zieren den kleinen Straßenweg, welcher an mir vorbeiführt, aber ich bin des Lebens froh, ich danke im Geiste meiner Mutter und verbeuge mich vor der Kraft des Daseins.

Daraus werde ich nicht schlau, eines weiß ich aber mit Sicherheit: Ich fühle mich in Gesellschaft der Bienen, Käfer und ähnlicher Lebewesen, egal sogar ob sie lebendig oder tot sind, wohler als in der der Menschheit. Es gibt nichts Grausameres, Brutaleres und Barbarischeres als die Menschen, sogar als Kind hab ich das schon gegenüber anderen Kindern ...

Ende

Harald Jelinek

Geboren wurde ich 1968 in Wien, wo ich auch bis zu meinem 35. Lebensjahr lebte. Immer mehr trieb es mich ins Grüne, zuerst in die Außenbezirke der österreichischen Großstadt, danach und bis dato nach Niederösterreich, welches an Wien grenzt. Mit meiner Familie – meiner Frau Marijana, unseren beiden Kindern Michael (12 Jahre) und Milos (22 Jahre), und zwei Katzen – lebe ich nun seit 15 Jahren in einem kleinen, idyllischen Ort am Waldrand.

Berufsfeuerwehrmann ist man nicht des Geldes wegen, sondern um dem Sozialen gerecht zu werden, sagte man mir vor 22 Jahren, als ich anfing; ich kann dem nur beistimmen. Man erlebt viele tragische und traurige Situationen, es prägt einen und man beginnt, darüber nachzudenken. Irgendwie muss man das wieder loswerden und ich tat und tue es in der Form des Schreibens.

Mein erstes Buch, welches ich 2006 durch einen österreichischen Verlag verlegte, ist ein Sachbuch und eine Biografie in einem, es b schreibt meinen Werdegang, meine Einsatzerlebnisse und auch Erfahrungen, die ich sammelte.

Die Meinungen gehen auseinander, wer dieses Lebensideal schrieb: Martin Luther, Nietzsche oder ob es gar der Bibel entstammt. Auch wenn es nicht wirklich das Lebenswichtigste ist, aber auf jeden Fall jedes Einzelne für sich allein ein Erlebnis: *ein Haus bauen, einen Baum pflanzen, ein Kind zeugen und ein Buch schreiben.* Alle vier Dinge tat ich bereits, den letzten beiden möchte ich mich in meinem Lebensalter besonders widmen, wobei ich natürlich bei dem Kind nicht mehr das Zeugen meine ... ☺

MIX
Papier aus verantwortungsvollen Quellen
Paper from responsible sources
FSC® C105338

Printed by Books on Demand GmbH, Norderstedt / Germany